Grammatik ist klasse! A1

Selbstständig Deutsch üben

Alles Digitale zu diesem Buch kann auf der Lernplattform **allango** von Ernst Klett Sprachen abgerufen werden. So geht's:

QR-Code scannen oder **www.allango.net** aufrufen | Buchtitel oder ISBN in der Suche eingeben und auf das Buchcover klicken | Zum Inhalt navigieren, direkt abrufen oder speichern

Ernst Klett Sprachen
Stuttgart

Grammatik ist klasse! A1
Selbstständig Deutsch üben

digital verfügbar (siehe Seite 1) sind:

- Audios
- Grammatik-Clips (Videos)
- Verbenlisten
- Lösungen
- Glossar mit Grammatikbegriffen

Nur für Lehrkräfte:
- Transkriptionen der Hörtexte

1. Auflage 4 | 2025

www.klett-sprachen.de

Autorin: Arwen Schnack und Sarah Fleer
Konzept: Nicole Nolte
Redaktion: Stefanie Plisch de Vega
Layout und Umschlaggestaltung: Sabine Kaufmann
Satz und Gestaltung: Swabianmedia, Eva Mokhlis, Stuttgart
Illustrationen: Andrea Naumann, Aachen
Titelbild: Getty Images (xxwp), München

PEFC
Förderung nachhaltiger Waldbewirtschaftung
PEFC/04-31-3752
www.pefc.de

Audioaufnahmen
Sprecherinnen und Sprecher: Christian Birko-Flemming, Tino Hennersdorf, Gunther Pagel, Stefanie Plisch de Vega, Markus Schultz, Hans-Peter Stoll, Sofi Vega
Tontechnik und Produktion: Gunther Pagel, Top 10 Tonstudio, Viernheim

Grammatik-Clips
aus dem Lehrwerk „Klasse! Deutsch für Jugendliche", Ernst Klett Sprachen, Stuttgart

Druck und Bindung: Plump Druck & Medien GmbH, Rheinbreitbach

Printed in Germany
978-3-12-675964-9

Grammatik ist klasse! A1 – Vorwort für Lehrkräfte

Liebe Lehrerinnen und Lehrer,

Grammatik ist klasse! – Selbstständig Deutsch üben A1 richtet sich an Schülerinnen und Schüler in der Sekundarstufe I, die mit grundlegenden Deutschkenntnissen auf der Niveaustufe A1 parallel zum Unterricht oder zu Hause Grammatik üben möchten.
Der einfache und übersichtliche Aufbau des Heftes mit wiederkehrenden Aufgabenformaten unterstützt die Lernenden bei einem weitgehend selbstständigen Üben ihrer Grammatikkenntnisse – ganz unabhängig vom im Unterricht eingesetzten Lehrwerk.

Grammatik ist klasse! hat keine Progression. Die Lernenden können die Kapitel in beliebiger Reihenfolge bearbeiten. Im Inhaltsverzeichnis können Sie ankreuzen, welche Kapitel die Schülerin oder der Schüler bearbeiten soll. So können Sie z. B. binnendifferenzierte Hausaufgaben aufgeben, indem Sie unterschiedliche Kapitel zuweisen.

Jedes Kapitel hat vier Teile: ***Verstehen, Üben I, Üben II*** und ***Testen***.
Auf der Seite ***Verstehen*** wird das jeweilige Grammatikthema durch einfache Aufgaben zum selbstentdeckenden Lernen bzw. zum Wiederholen und Erinnern der Strukturen präsentiert.
In ***Üben I*** lösen die Schülerinnen und Schüler einfache Aufgaben – die erste Seite dieses Teils ist immer auf der rechten Seite, sodass die Lernenden beim Lösen auf der Seite *Verstehen* nachsehen können. In ***Üben II*** sind die Aufgaben etwas schwieriger und fordern etwas mehr Verständnis der thematisierten Strukturen. Am Ende von *Üben II* steht je auch eine freiere produktive Aufgabe, die die Schülerinnen und Schüler zu einem Transfer in die eigene Lebenswelt anregt.

Lernende mit geringeren Deutschkenntnissen und/oder weniger Erfahrung im selbstständigen Lernen können *Üben I* machen, während stärkere Lernende auch *Üben II* selbstständig bearbeiten. Schülerinnen und Schüler, die z. B. als Hausaufgabe nur *Üben I* bearbeitet haben, können im Unterricht ihre Lösungen vergleichen, Rückfragen stellen und anschließend *Üben II* in Partner- oder Gruppenarbeit lösen.

Am Ende von jedem Kapitel können die Schülerinnen und Schüler ihren Lernerfolg auf der Seite ***Testen*** kontrollieren. Es gibt jeweils zwei Aufgaben, die erste Aufgabe ist leichter und bezieht sich auf die Inhalte von *Üben I*. Die zweite Aufgabe ist etwas schwieriger und bezieht sich auf die Inhalte von *Üben II*. Sie können also auch im Test binnendifferenzieren und die Aufgaben entsprechend zuteilen.

Die **Lösungen** zu allen Aufgaben finden Sie digital (siehe Seite 1).

Am Ende des Buches steht ein **Abschlusstest**. Die Schülerinnen und Schüler können ihn entweder komplett lösen, wenn sie alle Kapitel bearbeitet haben, oder Sie wählen gezielt Aufgaben aus, die sich auf bestimmte Kapitel beziehen. Auf welche(s) Kapitel sich eine Aufgabe bezieht, ist als Verweis angegeben. Mit der Auswertung können Sie und die Schülerinnen und Schüler den Lernerfolg überprüfen. Sie können den Test am Ende des Buchs auch vor der Arbeit mit dem Buch machen lassen, um so die (individuellen) Förderbedarfe zu ermitteln.

Symbole

Zu diesem Thema gibt es einen Video-Clip.
1 Zu dieser Aufgabe gibt es ein Audio mit der Lösung der Aufgabe.
Alle Audios und Videos sind digital auch für die Schülerinnen und Schüler zugängig (siehe Seite 1).

Mehr Informationen zum Buch finden Sie und Ihre Schülerinnen und Schüler in ***So funktioniert's*** auf Seite 4 sowie in den ***Tipps & Tricks*** auf Seite 6 und 7.

Grammatik ist klasse! A1 – So funktioniert's

Liebe Schülerinnen und Schüler,

willkommen in *Grammatik ist klasse! A1.*
Mit diesem Buch kannst du Grammatik üben. Du kannst Grammatik wiederholen und verstehen, Aufgaben und einen Test machen. So funktioniert's:

Das Buch hat **17 Kapitel**. Jedes Kapitel hat ein Grammatik-Thema.
Du kannst mit Kapitel 1 beginnen oder mit einem anderen Kapitel.
Du kannst alle Kapitel nacheinander bearbeiten oder in einer anderen Reihenfolge.

Im **Inhaltsverzeichnis** (auf Seite 5) kann deine Lehrerin oder dein Lehrer Kapitel für dich ankreuzen.
Du bist fertig mit dem Kapitel? Mach einen Haken ✓.

	Verben		
☒	1 Regelmäßige Verben im Präsens	8	☑
○	2 Unregelmäßige Verben im Präsens	14	☐
☒	3 „haben" und „sein" im Präsens	20	☑
○	4 Modalverben (können, müssen, wollen, möchten)	24	☐

Jedes Kapitel hat vier Teile:

Verstehen: Hier liest du Beispiele und Regeln zu dem Grammatik-Thema und machst Aufgaben. Mach diese Seite immer zuerst!
Zu einigen Themen gibt es einen Video-Clip. Alle Clips sind digital (siehe Seite 1).

Üben I: Diese Aufgaben sind leicht. Du kannst links auf der Seite *Verstehen* nachsehen.

Üben II: Diese Aufgaben sind etwas schwieriger.
✱ Am Ende von *Üben II* schreibst du Sätze mit deinen eigenen Ideen.

Testen: Kannst du das Grammatik-Thema jetzt? Mach den Test am Ende des Kapitels!

Lösungen

Die Lösungen zu allen Aufgaben und den Tests sind nicht im Buch. Sie sind digital (siehe Seite 1).
Du kannst mit den Lösungen die Aufgaben allein kontrollieren.
▶ 1 Bei Aufgaben mit diesem Symbol kannst du die Lösung auch hören.
Alle Audios sind digital (siehe Seite 1). Die Audios können dir helfen, dein Hörverstehen zu verbessern. Manche Audios kannst du nachsprechen und deine Aussprache trainieren.

Abschlusstest

Alle Kapitel sind fertig? Dann mach den Abschlusstest auf den Seiten 90 bis 95.
Du kannst schon viel A1-Grammatik? Dann mach zuerst diesen Test. So siehst du: Was kann ich schon? Was muss ich noch üben? Neben der Aufgabe im Test siehst du: Das Kapitel passt zu der Aufgabe.

Inhaltsverzeichnis

Fertig? → ☑

digital (siehe Seite 1):

- Audios
- Grammatik-Clips (Videos)
- Lösungen
- Verbenlisten
- Glossar mit Grammatikbegriffen

Tipps & Tricks

Das hilft dir in *Grammatik ist klasse!*

Farben

Manchmal sind der Genus (grammatisches Geschlecht) und der Numerus (Singular oder Plural) von einem Nomen wichtig. Die Farben helfen:

der Hund — männlich/maskulin, Singular

das Kaninchen — neutral/neutrum, Singular

die Katze — weiblich/feminin, Singular

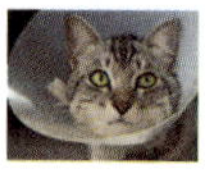

die Tiere — Plural

Abkürzungen

Manchmal ist der Kasus (Fall) wichtig:

Nom → Nominativ **Der Hund** ist lieb. **Er** spielt gern.

Akk → Akkusativ Ich sehe **den Hund**. Der Hund sieht **mich**.

Satzmodell

[Ich] — (sehe) — [dich] im Schwimmbad.

Das Satzmodell zeigt: Was steht wo im Satz?

[Ich] → das Subjekt

(sehe) → das Verb

[dich] oder dich → Objekt

im Schwimmbad → andere Informationen / Ergänzungen

Tipp am Rand

Am Satzanfang schreibt man groß.

W-Fragen und Aussagen:
Verb auf Position 2!

Hier gibt es einen Tipp mit extra Informationen. Der Tipp hilft dir beim Lösen der Aufgabe.

Verweise

Du kennst ein Verb nicht?
→ www.pons.com hilft!
Ist das Verb unregelmäßig?
→ digital Verben I

Mehr Informationen findest du an einer anderen Stelle, zum Beispiel in den *Verbenlisten* oder im online Wörterbuch,

W-Fragen und Ja/Nein-Fragen
→ S. 76

in einem anderen Kapitel in *Grammatik ist klasse! A1*

Modalverben *sollen* und *dürfen*
→ A2

oder in *Grammatik ist klasse! A2*
oder in *Grammatik ist klasse! B1*.

Tipps & Tricks

Du kennst ein Wort nicht? Suche hier: → Wörterbuch

→ Suche das Wort online auf www.pons.com
→ Hast du ein **Wörterbuch**? Such das Wort dort.

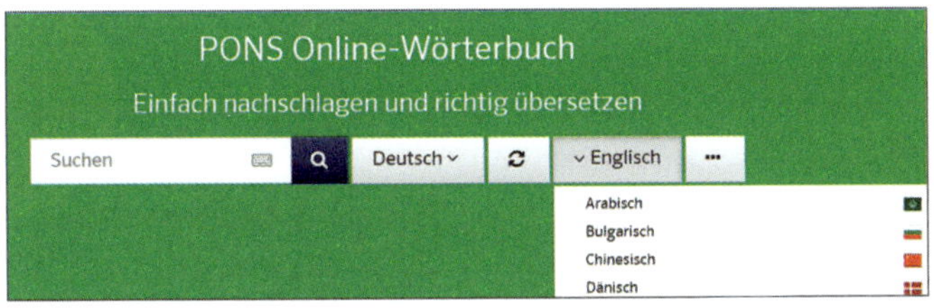

Du brauchst Informationen zu Verben? Suche hier: → digital Verbenlisten I, II, III

Warum sind Verben wichtig?

Du musst Verben konjugieren: **ich** schreib**e**, **du** schreib**st**, **er/sie** schreib**t** …
Verben haben Zeitformen: Präsens: Ich **schreibe**. Perfekt: Ich **habe geschrieben**. Präteritum: Ich **schrieb**.
Verben stehen mit Akkusativ oder **Dativ**: Ich schreibe einen Brief. Ich schreibe **dir**.
Einige Verben haben Präpositionen: Ich spreche **mit** Frau Blum. Wir sprechen **über** meine Note.

Es gibt drei **Verbenlisten**: Du findest sie digital (siehe Seite 1).

Verben I: Unregelmäßige und gemischte Verben
Hier findest du die wichtigsten unregelmäßigen und gemischten Verben im Infinitiv und in den Zeitformen Präsens, Präteritum und Perfekt in der 3. Person Singular, zum Beispiel:
schreiben – schreibt – schrieb – hat geschrieben
Für A1 sind nur Infintiv und Präsens wichtig.

Verben II: Verben mit Akkusativ und/oder Dativ
Hier liest du: Steht das Verb mit Akkusativ? Du liest auch: Steht das Verb mit Dativ – das ist noch nicht wichtig für A1.

Verben III: Verben mit festen Präpositionen
Hier findest du wichtige Verben und ihre Präposition(en) mit dem Kasus (Akkusativ, Dativ). Diese Liste ist auch noch nicht wichtig für A1.

Du verstehst ein Grammatik-Wort nicht? Suche hier: → digital Glossar

Hier liest du zum Beispiel: Was ist ein „Artikel“? Was ist „Akkusativ“? Was ist ein „Konnektor“? Zu jedem Grammatikbegriff liest du ein oder mehrere Beispiele.

1 Regelmäßige Verben im Präsens

Verstehen

1 Lies und markiere die Verben wie im Beispiel.

Die Kinder (spielen) Fußball und Basketball. Sie sagen:

2 Konjugation im Präsens: Ergänze die Endungen aus 1.

	Person	Verb
1. Person Singular	ich	spiel*e* (Personalendung)
2. Person Singular	du	spiel__ __
3. Person Singular	er/sie/es	spiel__
1. Person Plural	wir	spiel__ __
2. Person Plural	ihr	spiel__
3. Person Plural	sie/Sie	spiel__ __

spielen ist ein Verb. Der Infinitiv ist: (spielen) – Stamm: spiel, Endung: en

Der Stamm zeigt: Was passiert, was macht die Person?
Die Endung passt zur Person (Subjekt) und zeigt: Wer macht das?
Regelmäßige Verben: Der Verbstamm ist immer gleich.
Die Endung an die Person anpassen heißt: konjugieren.

Sie (3. Person Plural) höfliche Anrede für eine Person:
„Frau Blum, spielen Sie Gitarre?"

Andere regelmäßige Verben sind zum Beispiel:
hören, lernen, kochen, kaufen, machen, kommen, wohnen …
Auch so im Präsens: *beginnen, gehen, schreiben*

3 Besondere Endungen: Trenne wie im Beispiel. Ergänze dann die Regel.

Frau Blum arbeit|et heute.

Du findest Frau Blum nett.

Ihr antwortet auf die Frage.

Wann endet der Unterricht?

Wie heißt du?

Du tanzt gut!

Wo sitzt du?

Der Verbstamm endet auf ..*-t*.. oder ....:

→ du, er/sie/es, ihr: Stamm+........+Endung!

antworten, arbeiten, bedeuten, enden, finden, kosten, warten …
Auch so Verbstamm auf -**n** oder -**m**, zum Beispiel:
öffnen, verdienen, rechnen …

Der Verbstamm endet auf ..*-ß*.., -s, -tz, -........ oder -x:

→ Personalendung für *du* ohne ....!
Auch so: *heißen, reisen, tanzen, ergänzen, benutzen, sitzen, boxen*

Regelmäßige Verben im Präsens

Üben I

1 **Ergänze die Personalendungen.**

man: 3. Person Singular
3. Person Singular
Pronomen → S. 58

schreib|en

ich schreibe	wir schreib_ _
du schreib_ _	ihr schreib_
er schreib_	sie/Sie schreib_ _

antwort|en

Der Stamm endet auf *-t*!

ich antwort_	wir antwort_ _
du antwort_ _ _ !	ihr antwort_ _ !
sie antwort_ _ !	sie/Sie antwort_ _

heiß|en

Der Stamm endet auf *-ß*!

ich heiß_	wir heiß_ _
du heiß_ !	ihr heiß_
es heiß_	sie/Sie heiß_ _

2 **Höre und sprich die Verben in Aufgabe 1 nach.**
▶ 1

Lerne die Verbformen auswendig. Sprich die Formen laut aus und merke dir den Rhythmus.

3 **Markiere das Verb und die Person (das Subjekt) wie im Beispiel. Verbinde dann.**

1. In Bio sitz|t Caro am Fenster.	ich (1. Person Singular)
2. Kim und ich hören gern Musik.	du (2. Person Singular)
3. Der Unterricht beginnt um 7:30 Uhr.	er (3. Person Singular)
4. Kofi und seine Schwester gehen in die Schule.	sie (3. Person Singular)
5. In der Schule lerne ich Deutsch.	sie (3. Person Singular)
6. Die Klasse 8a kocht heute.	es (3. Person Singular)
7. Du und Marie kauft Stifte.	wir (1. Person Plural)
8. Was bedeutet das Wort?	ihr (2. Person Plural)
9. Findest du die Hausaufgabe einfach?	sie (3. Person Plural)

1 Regelmäßige Verben im Präsens

Üben I

4 Ergänze die Personalendungen.

Ich [1] sitze... in der Klasse. Was [2] mach....... du? Der Unterricht [3] beginn....... in zwei Minuten!

Ich [4] komm.......... gleich.

Frau Blum ist schon hier. Sie [5] wart..........

Was [6] mach.......... ihr heute? Ich [7] geh.......... ins Kino. [8] Komm.......... ihr mit?

Nein, wir [9] geh.......... heute in den Park. [10] Komm.......... du mit? Helen [11] komm.......... auch.

Ja, okay. Helen [12] spiel.......... gern Basketball.

Gut! Dann [13] bring.......... ich meinen Ball mit.

[14] Versteh.......... du die neue Grammatik in Deutsch?

Ja, du nicht? Ich [15] erklär....... dir die Grammatik morgen in der Pause.

Danke! Dann [16] bekomm.......... du Kuchen von mir. Er [17] schmeck.......... sehr gut!

Das ist toll! Ich [18] lieb.......... Kuchen!

5 Ergänze die Verben in der richtigen Form.

1. „Hallo ihr zwei! Was macht ihr heute? .... ihr Fußball?" [machen | spielen]
2. „Ich .... dir oft Nachrichten. Warum .... du nicht?" [schreiben | antworten]
3. Kofi .... nicht zum Fußballspiel. Er .... Fußball langweilig. [gehen | finden]
4. „.............................. du gern? Oder .... du lieber und hörst Musik?" [tanzen | sitzen]
5. Wir .... heute nicht zum Training. Wir .... eine Pause. [kommen | brauchen]
6. „Frau Blum, wir .... das nicht. .... Sie uns das noch mal?" [verstehen | erklären]
7. „.............................. du Helen und Lukas? Sie .... auf unsere Schule." [kennen | gehen]

Regelmäßige Verben im Präsens

Üben II 1

1 Ergänze die Verben in der richtigen Form.

hören schreiben kommen gehen ~~heißen~~ machen

Ich [1] heiße Samira.

Ich [2] .... aus Hamburg.

Ich [3] .... in die 8. Klasse.

Ich [4] .... gern Musik und ich fotografiere gern.

In der Schule [5] .... ich gern Matheaufgaben.

Ich [6] .... nicht gern lange Texte.

2 Schreibe die Sätze in Aufgabe 1 für „sie" (3. Person Singular).

1. Sie heißt Samira.
2. Sie ....
3. ....
4. ....
5. ....
6. ....

3 Markiere das Verb und ergänze wie im Beispiel. Höre und kontrolliere dann.

▶ 2

1. Wir gehen in die 7. Klasse. In welche Klasse geht ihr?
2. Wir spielen gern Computerspiele. Was .... ihr gern?
3. Wir wohnen in Berlin. Wo .... ihr?
4. Wir machen am Nachmittag Hausaufgaben. Was .... ihr am Nachmittag?
5. Wir lernen Judo. Was .... ihr in eurer Freizeit?
6. Wir hören gern Rap und Pop. Welche Musik .... ihr gern?
7. Wir besuchen heute unseren Freund Tarek. Wen .... ihr heute?

1 Regelmäßige Verben im Präsens

Üben II

4 Ergänze wie im Beispiel.

Satzmodell
Subjekt Verb
Schreibe einen Punkt am Satzende!

1. lernen | du | Wörter — Du lernst Wörter.
2. ich | Hausaufgaben | machen ....
3. das Fenster | Marie | öffnen ....
4. etwas | erklären | der Lehrer ....
5. gehen | in die Pause | wir ....

5 Ergänze die Verben in der richtigen Form.

machen wohnen heißen spielen kommen gehen

W-Fragen, Ja/Nein-Fragen → S. 76

1. Wie heißt du?
2. Woher .... du?
3. Wo .... du?
4. In welche Klasse .... du?
5. Was .... du in der Freizeit?
6. .... du Fußball?

6 Schreibe die Fragen von Aufgabe 5 für „ihr".

Fragen: Fragezeichen ? am Satzende!

1. Wie heißt ihr?
2. ....
3. ....
4. ....
5. ....
6. ....

7 Schreibe die Fragen 1, 2, 3 und 5 von Aufgabe 5 für die höfliche „Sie"-Form.

1. Wie heißen Sie?
2. ....
3. ....
5. ....

★ 8 Und du? Schreibe die Fragen von Aufgabe 5 und deine Antworten ins Heft.

Regelmäßige Verben im Präsens

Testen

1 **Schreibe die Verbformen.**

lernen	warten
ich	ich ....
du	du ....
er/sie/es	er/sie/es ....
wir	wir ....
ihr	ihr ....
sie/Sie	sie/Sie ....

Punkte: .... / 6

✓ Du kannst jetzt regelmäßige Verben im Präsens konjugieren!

2 **Ergänze das Verb in der richtigen Form.**

1. gehen: Wir .... in die Schule.
2. kommen: Katja und Sammy .... aus Berlin.
3. spielen: .... du gern Computerspiele?
4. machen: Was .... ihr heute Nachmittag?
5. schreiben: Ich .... die Sätze in mein Heft.
6. arbeiten: Frau Blum .... heute nicht.

Punkte: .... / 6

✓ Du kannst jetzt die richtigen Verbformen im Präsens bilden!

Punkte insgesamt: .... / 12

2 Unregelmäßige Verben im Präsens

Verstehen

1 Welches Bild passt zu welchem Satz? Ordne zu.

A

schlafen

B

wissen

C

treffen

D

lesen

1. Kim weiß die Lösung. → Bild B
2. Henri trifft seine Freunde. → Bild ____
3. Caro schläft noch. → Bild ____
4. Das Mädchen liest ein Buch. → Bild ____

Endungen von Verben im Präsens → S. 8

2 Konjugation im Präsens: Markiere und ergänze wie im Beispiel. Kreuze dann an.

	treffen	lesen	schlafen
ich	treffe	lese	schlafe
du	triffst	liest	schläfst
er/sie/ es	trifft	....	....
wir	treffen	lesen	schlafen
ihr	trefft	lest	schlaft
sie/Sie	treffen	lesen	schlafen

Diese Verben sind ☐ regelmäßig.
☒ unregelmäßig.
Sie wechseln den Vokal im Verbstamm
☐ in allen Personen.
☐ in der 2. Person Singular (*du*) und 3. Person Singular (*er/sie/es*).

Auch so:
e → i: *nehmen, sprechen, essen, helfen, geben*
e → ie: *empfehlen, sehen*
a → ä: *halten, fahren, gefallen, laufen, waschen, tragen*

❗ Manche Verben sind im Präsens regelmäßig, aber in anderen Zeitformen unregelmäßig. → A2 Perfekt, Präteritum

3 Das Verb „wissen“: Ergänze und markiere.

wissen

ich	wir wissen
du weißt	ihr wisst
er/sie/es	sie/Sie wissen

1. Person Singular = 3. Person Singular, keine Personalendung

Achte auf das Subjekt! (Wer *macht* das Verb?) Immer: Subjekt (Name/Person/Personalpronomen) + Verb!
Kim / Das Mädchen / Sie / Ich weiß die Antwort.

Unregelmäßige Verben im Präsens

Üben I

2

1 Ordne zu und markiere wie im Beispiel.

nehmen nehme nehmt nehmen nimmst nehmen nimmt

fahren fährst fahren fahre fährt fahren fahrt

sehe sehen seht siehst sehen sehen sehen sieht

a → ä  fahren	e → ie 	e → i 
ich fahre	ich	ich
du fährst	du	du
er/sie/es	er/sie/es	er/sie/es
wir	wir	wir
ihr	ihr	ihr
sie/Sie	sie/Sie	sie/Sie

2 Markiere und ergänze wie im Beispiel.
3 **Höre und kontrolliere dann.**

1. waschen: ich wasche, du wäschst, er wäscht
2. sprechen: ich spreche, du ..., er spricht
3. empfehlen: ich empfehle, du ..., sie empfiehlt
4. halten: ich halte, du hältst, er/sie/es ...
5. helfen: ich helfe, du ..., er hilft
6. laufen: ich laufe, du läufst, er/sie/es ...
7. geben: ich gebe, du ..., er gibt
8. tragen: ich trage, du trägst, er ...
9. gefallen: ich gefalle, du gefällst, es ...
10. essen: ich esse, du isst, er ...

Du kennst ein Verb nicht?
→ www.pons.com hilft!
Ist das Verb unregelmäßig?
→ digital Verben I

Echt gut!

Papa trägt immer nur Sina.

du isst: nur zwei s!
Auch so für *er/sie/es*.

2 Unregelmäßige Verben im Präsens

Üben I

3 „i“ oder „ie“? Ergänze.

1. Caro n_i_mmt ein Stück Kuchen.
2. Frau Blum empf_ _hlt ein Buch.
3. Henri l_ _st nicht gern Bücher.
4. Kofi h_lft den Freunden mit den Hausaufgaben.
5. Nach der Schule tr_fft Kim ihre Freundin Marie.
6. Marie spr_cht über einen Film.
7. Kim s_ _ht auch gern Filme.

4 Ergänze die Fragen. Höre und kontrolliere dann.

▷ 4

1. Ich wasche mein Obst. Wäschst du auch dein Obst? Wascht ihr auch euer Obst?
2. Ich spreche mit meinen Eltern.

   .... du auch mit deinen Eltern? .... ihr auch mit euren Eltern?
3. Ich esse gern Pizza.

   .... du auch gern Pizza? .... ihr auch gern Pizza?
4. Ich weiß die Antwort.

   .... du die Antwort auch?

   .... ihr die Antwort auch?

5. Ich lese gern.

   .... du auch gern? .... ihr auch gern?
6. Ich schlafe gern lange.

   .... du auch gern lange? .... ihr auch gern lange?
7. Ich fahre gern Fahrrad.

   .... du auch gern Fahrrad? .... ihr auch gern Fahrrad?
8. Ich nehme den Bus.

   .... du auch den Bus? .... ihr auch den Bus?

Unregelmäßige Verben im Präsens

Üben II

1 **Welche Verben sind im Präsens unregelmäßig? Markiere. Schreibe dann ins Heft wie im Beispiel.**

Ist ein Verb unregelmäßig?
→ digital Verben I
→ www.pons.com hilft!

treffen kennen sprechen hören helfen lesen brauchen werden empfehlen schmecken nehmen kaufen fahren gefallen laufen waschen tragen essen bezahlen sehen lachen wissen halten schlafen suchen geben

treffen – er trifft

2 **Markiere das Subjekt und ergänze die Verben in der richtigen Form.**

Das Subjekt ist nicht immer am Satzanfang.

Fragen → S. 76
Zeitangaben → S. 82

1. Heute sehen wir in der Schule einen Film. [sehen]
2. Ich .... die Lösung für die Aufgabe nicht. [wissen]
3. „Frau Blum, ... Sie uns bitte?" [helfen]
4. Kofi und seine Schwester .... Deutsch und Englisch. [sprechen]
5. „................ ihr heute mit dem Fahrrad zur Schule?" [fahren]
6. Kim .... im Sportunterricht schnell. [laufen]
7. Wir .... heute unsere neuen Schuhe. [tragen]

3 **Ergänze. Höre und kontrolliere dann.**

5

[1] N i mmst du den Bus?

Nein, ich [2] f__hre mit dem Fahrrad.

[3] S__ __hst du Frau Blum?

Ja! Sie [4] l__ __ft in die Sporthalle.

[5] H__lfst du mir mit den Hausaufgaben?

Klar! Am besten [6] l__sen wir zuerst den Text.

[7] Tr__ffst du heute deine Freundin Kristina?

Ja, sie [8] h__lft mir mit Deutsch. Wir [9] spr__chen zusammen und sie [10] g__bt mir Tipps.

2 Unregelmäßige Verben im Präsens

Üben II

4 Ergänze die Verben und schreibe dann die Sätze.

1. Ich schlafe am Samstag lang. [schlafen]

   Du schläfst am Samstag lang. Kim ....

   Wir ....

2. Ich .... gern Comics. [lesen]

   Du ....

   „Herr Demirel, ... Sie ....?"

   „Ihr ...., oder?"

3. Ich .... Freunde. [treffen]

   Du ....

   Kofis Schwester ....

   Hanna und Jan ....

4. Ich .... Skateboard. [fahren]

   „Wo .... du ....?"

   Juri .... im Stadtpark ....

   „Ihr .... nicht gern ...., oder?"

5. Ich .... Deutsch. [sprechen]

   Du ....

   Henri ....

   „Wer .... mit dir ....?"

Wer + 3. Person Singular

✶ 5 Und du? Ergänze die Fragen und schreibe deine Antworten ins Heft.

Wer .... viel? [sprechen]

Wer .... schnell? [laufen]

Wer .... gern Serien? [sehen]

Wer .... gern? [lesen]

Wer .... mit dem Fahrrad zur Schule? [fahren]

Frau Blum spricht viel.

Unregelmäßige Verben im Präsens

Testen

1 Ergänze.

1. Kim tr__fft Marie vor der Schule.
2. Wir f__hren mit dem Fahrrad zur Schule.
3. Caro l__ __ft zur Schule. Ihr Fahrrad ist kaputt.
4. Henri n__mmt den Bus.
5. Ich w__ __ß die Lösung.
6. L__ __st du im Bus ein Buch?

Punkte: .... / 6

✓ Du kannst jetzt die Vokale in unregelmäßigen Verben ergänzen!

2 Markiere und ergänze die Verben.

1. Wir sprechen mit der Lehrerin.

   .... du auch mit der Lehrerin?

2. Wir waschen unsere Hände.

   Henri .... auch seine Hände.

3. Wir helfen euch.

   Kofi und Caro .... euch auch.

4. Wir tragen eine Jacke.

   .... ihr auch eine Jacke?

5. Ich esse einen Apfel.

   Kim .... auch einen Apfel.

6. Wir sehen einen Film.

   Kofi .... den Film auch.

Punkte: .... / 6

✓ Du kannst jetzt unregelmäßige Verben im Präsens konjugieren!

Punkte insgesamt: .... / 12

3 „haben“ und „sein“ im Präsens

Verstehen

1 Lies und markiere die Verben wie im Beispiel.

Das sind Marco und Lulu. Marco ist ein Junge und Lulu ist ein Hund.
Marco ist 14 Jahre alt. Lulu ist noch jung. Sie hat immer Hunger.
Marco hat blonde Haare. Lulu hat ein Fell, die Haare sind weiß.
Marco und Lulu sind Freunde. Sie haben viel Spaß zusammen.

2 Konjugation im Präsens: Ergänze und kreuze dann an.

	haben	sein
ich	habe	bin
du	hast	bist
er/sie/es	....	....
wir	haben	sind
ihr	habt	seid
sie/Sie	....	....

haben und *sein* sind ☐ Nomen. ☐ Verben.
Die Formen sind ☐ regelmäßig. ☐ unregelmäßig.

! Lerne die Formen auswendig!

Vollverb: Marco **hat** einen Hund. Lulu **ist** jung.
Hilfsverb: Marco **hat gespielt**. Lulu **ist gelaufen**.
→ Perfekt, A2

3 „haben“ oder „sein“? Lies und ergänze.

Orte Nomen Alter Adjektive Namen

sein

+ [1] ....: *Ich bin* ***Marco****. Das ist* ***Lulu. Wer*** *bist du? Das sind* ***Kim und Leo****.*

+ [2] ....: *Ich bin* ***12 Jahre alt****. Kim ist* ***13****.* ***Wie alt*** *bist du?*

+ Uhrzeit, Datum, Tag /Tageszeit: *Es ist* ***10 Uhr****. Heute ist* ***der 4. April****. Es ist* ***Montag. / Abend.***
+ Nomen im Nominativ: *Ich bin* ***dein Freund****. Lulu ist* ***ein Hund****.*
Auch so: Berufe, Nationalität: *Herr Demirel ist* ***Lehrer****. Er ist* ***Mathelehrer*** */* ***Deutscher****.*

+ [3] ....: *Ich bin* ***in der Schule****. Henri ist* ***zu Hause****.* ***Wo*** *seid ihr?*

+ [4] ....: *Wir sind* ***glücklich****. Lulu ist* ***jung****. Seid ihr* ***hungrig****?*
Wer ist ***krank****? Wie* ***spät*** *ist es?*

Adjektive → S. 64

haben

+ Nomen im Akkusativ (Besitz): *Marco hat* ***einen Hund****.*
Ich habe ***eine Katze****.*

+ bestimmte [5] ....: *Wir haben* ***Unterricht****. Wann habt ihr* ***Mathe****? Hast du* ***Zeit****?*
Lulu hat immer ***Hunger****. Kim hat keine* ***Ahnung****!*

Auch so: *Schmerzen, Fieber, Spaß, Training, Geburtstag …*

Akkusativ → S. 48

 2

„haben“ und „sein“ im Präsens

Üben I

1 Was ist richtig? Kreuze an.

1. Wir ☒ haben ☐ sind eine Lehrerin in Deutsch. Sie ☐ hat ☐ ist sehr nett.
2. ☐ Hast ☐ Bist du hungrig? ☐ Hast ☐ Bist du Hunger?
3. Ich ☐ habe ☐ bin keine Zeit. Ich ☐ habe ☐ bin zu spät!
4. Am Samstag ☐ hat ☐ ist Kim Geburtstag. Kim ☐ hat ☐ ist dann 14 Jahre alt.
5. Henri ☐ hat ☐ ist krank. Er ☐ hat ☐ ist Fieber und Bauchschmerzen.
6. Am Montag ☐ habe ☐ bin ich Kunst. Kunst ☐ hat ☐ ist mein Lieblingsfach.
7. Marie und Henri ☐ haben ☐ sind keine Probleme. Sie ☐ haben ☐ sind glücklich.
8. Heute ☐ hat ☐ ist Donnerstag. Ihr ☐ habt ☐ seid Fußballtraining.

2 Markiere das Subjekt und ergänze die richtige Form von „haben“ oder „sein“. Höre und kontrolliere dann.
6

▶ [1] Haben wir heute Sport?
◁ Ja! [2] .... du deine Sportsachen?
▶ Nein, ich [3] .... keine Sportsachen.

▶ Mein Bruder [4] .... Geburtstag.
◁ Ich weiß! Ich [5] .... eine Einladung.

▶ Herr Demirel, [6] .... Sie Zeit?
◁ Ja. [7] .... du ein Problem?
▶ Nein, Kim und ich [8] .... nur eine Frage.

▶ [9] .... ihr einen Ball? Wollen wir spielen?
◁ Nein, wir [10] .... keinen Ball und keine Lust.

▶ Ich [11] bin Kim, das [12] .... Lukas. Und das da hinten, das [13] .... Henri und Kofi.
◁ Lukas und Kofi kenne ich! Sie [14] .... super nett!

▶ Wie alt [15] .... deine Eltern?
◁ Mein Vater [16] .... 39 und meine Mutter [17] .... 42. Warum [18] .... das wichtig?

▶ Ich [19] .... schon hier. Wo [20] .... ihr? [21] .... ihr noch zu Hause?

◁ Nein, wir [22] .... jetzt in der Schule. Wo [23] .... du genau?

3 „haben“ und „sein“ im Präsens

Üben II

1 Ergänze die richtige Form von „haben“ oder „sein“. Höre und kontrolliere dann.

7 ▶ Was [1] i s t los? [2] _ _ _ _ du müde?

◁ Nein, ich [3] _ _ _ nicht müde. Ich [4] _ _ _ _ Hunger. [5] _ _ _ _ du etwas zu essen?

▶ Nein, tut mir leid. Aber da [6] _ _ _ Lukas. Er [7] _ _ _ immer Essen. Ich rufe ihn.

Hey, Lukas! Marie [8] _ _ _ Hunger!

■ Ich [9] _ _ _ _ etwas zu essen. Hier [10] _ _ _ _ Kekse und ein Apfel.

◁ Vielen Dank! Du [11] _ _ _ _ toll!

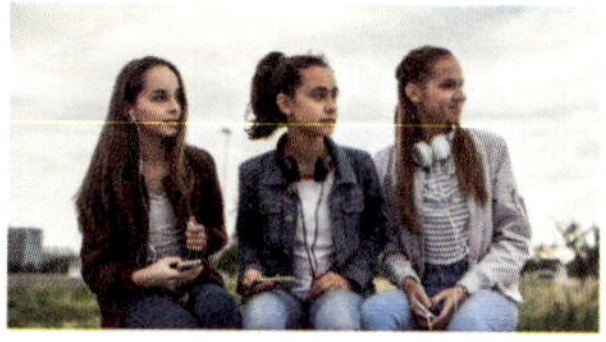

▶ Hey! Ich [12] _ _ _ _ eine Frage.

◁ Was [13] _ _ _ los?

▶ Wer [14] _ _ _ das Mädchen da hinten? _ _ _ _ [15] ihr eine Ahnung?

Sie [16] _ _ _ klein und sie [17] _ _ _ braune Haare.

■ Das [18] _ _ _ Naida.

▶ Nein, sie [19] _ _ _ auch eine Brille.

◁ Ach, das [20] _ _ _ Frau Marti, die neue Kunstlehrerin.

▶ Echt?! Das [21] _ _ _ lustig! Sie [22] _ _ _ so jung!

2 Ergänze die richtige Form von „haben“ oder „sein“.

1. Wie alt .... du?
2. .... du eine beste Freundin oder einen besten Freund? Wie heißt sie oder er?
3. Welche Note .... du in Deutsch? .... du gut?
4. Was .... dein Lieblingsfach?
5. Wann .... deine Freunde Geburtstag?

Wann hast du Geburtstag?
Wann ist dein Geburtstag?

✶ 3 Was antwortest du auf die Fragen in Aufgabe 2? Schreibe deine Antworten ins Heft.

1. Ich bin 13 Jahre alt.
2. Ja, ich habe ...

„haben“ und „sein“ im Präsens

Testen

1 Was ist richtig? Kreuze an.

1. Henri und Kofi ☐ hat ☐ haben Mathe.
2. Mathe hat ☐ ist ☐ toll.
3. Caro und Kim ☐ sind ☐ haben nicht im Unterricht.
4. „Wo ☐ sind ☐ seid ihr?“, denkt Henri.
5. „Kim ☐ hat ☐ ist heute Bauchschmerzen“, sagt Kofi.
6. Die Tür geht auf. „Entschuldigung! Ich ☐ bin ☐ habe zu spät!“, sagt Caro.

Punkte: .... / 6

✓ Du kannst jetzt die richtige Form von „haben“ und „sein“ auswählen!

2 Ergänze die richtige Form von „haben“ und „sein“.

1. Marie .... heute Geburtstag.
2. Layla und Kofi .... keine Zeit für die Party.
3. Aber Henri, Caro, Kim, Lukas und Jana .... da.
4. Die Party .... sehr lustig.
5. „Ich .... glücklich!“, sagt Marie.
6. „Du .... gute Freunde“, sagt Maries Mutter.

Punkte: .... / 6

✓ Du kannst jetzt die richtige Form von „haben“ und „sein“ bilden!

Punkte insgesamt: .... / 12

4 Modalverben (können, müssen, wollen und möchten)

Verstehen

1 Welches Bild passt zu welchem Satz? Ordne zu.

A

B

C

D

1. Die Lehrerin kann gut erklären. Wir können alles verstehen. → Bild C
2. Es ist 7 Uhr. Luca muss aufstehen. → Bild ____
3. Cem will etwas fragen: „Was muss ich machen?" → Bild ____
4. Paula und Kaya wollen in die Cafeteria gehen. Paula fragt Tom: „Möchtest du mitkommen?" → Bild ____

Modalverb + zweites Verb im Infinitiv:
Das Modalverb musst du konjugieren!

Aussagesatz und **Fragen**
→ S. 76

Satzklammer
Wir wollen das Buch lesen.
Modalverb — Infinitiv

2 Positionen im Satz: Ergänze die Sätze aus 1 und die Regel.

1. Aussagesatz und W-Frage

1	2		Satzende
Die Lehrerin	kann	gut	erklären.
Wir	....	alles	....
Paula und Kaya	....	in die Cafeteria	....
„Was	....	ich	.... ?"

2. Ja/Nein-Frage

1	2		Satzende
„Möchtest	du	in die Cafeteria	.... ?"

Modalverb + **trennbares Verb**: nicht trennen!
Trennbare Verben → S. 30

Aussagesatz und W-Frage: Modalverb auf Position 2, Infinitiv am ....
Ja/Nein-Frage: Modalverb auf Position ...., Infinitiv am Satzende.

3 Konjugieren im Präsens: Lies und kreuze an.

Modalverben *sollen* und *dürfen* → A2

	können	müssen	wollen	möchten
ich	kann	muss	will	möchte
du	kannst	musst	willst	möchtest
er/sie/es	kann	muss	will	möchte
wir	können	müssen	wollen	möchten
ihr	könnt	müsst	wollt	möchtet
sie/Sie	können	müssen	wollen	möchten

Modalverben *können, wollen, müssen*
- Vokalwechsel in 1. bis 3. Person
  ☐ Singular ☐ Plural
- 1. und 3. Person Singular haben
  ☐ eine ☐ keine Personalendung.

möchten:
1. und 3. Person Singular Endung *-e*

Modalverben (können, müssen, wollen und möchten)

Üben I

1 **Markiere das Modalverb und den Infinitiv wie im Beispiel.**

1. Kim kann gut rechnen. Sie löst die Matheaufgaben schnell und richtig.
2. Alle Schüler müssen die Hausaufgaben machen. Das ist die Regel.
3. „Henri, was möchtest du nach der Schule machen? Was ist dein Plan?"
4. „Ich will ins Schwimmbad gehen."

2 **Was ist richtig? Kreuze an.**

Es ist zwei Uhr nachmittags. Kim [1] ☐ müssen ☒ muss Hausaufgaben machen. Das ist langweilig. Kim [2] ☐ möchte ☐ möchtet keine Hausaufgaben machen. Marie ruft an. Sie fragt: „Kim, [3] ☐ möchten ☐ möchtest du jetzt mit uns in den Park gehen?" Kim antwortet: „Ich mache Hausaufgaben. [4] ☐ Musst ☐ Müsst du keine Hausaufgaben machen?" Marie [5] ☐ will ☐ wollt ihre Hausaufgaben am Abend machen. Kim sagt: „Ich bin in 30 Minuten fertig. Dann [6] ☐ könnt ☐ kann ich in den Park kommen." Marie antwortet: „Das ist toll! Dann [7] ☐ können ☐ kann wir im Park Skateboard fahren."

3 **Ergänze.**

Wir [2] w_ll_ _ heute einen Ausflug machen.

Warum [1] m ü ss_ _ wir so früh aufstehen?

Oh ja, einen Ausflug!

Papa, [3] k_nn_ _ Henri und Kim heute Mittag kommen?

Ja, klar! [4] M_cht_ _ ihr dann Pizza essen? Ich [5] k_nn Pizza machen.

Frau Blum, wir [6] m_cht_ _ bitte eine Pause machen.

Nein, ihr [7] m_ss_ zuerst die Aufgabe machen.

Dann [8] k_nn_ ihr eine Pause machen.

4 Modalverben (können, müssen, wollen und möchten)

Üben I

4 Ergänze das Modalverb in der richtigen Form. Höre und kontrolliere dann.

▶ 8

können

▶ Herr Hansen, Kofi und seine Schwester sind krank.

Sie [1] ..können.... heute nicht kommen.

◁ [2] .... du Kofi die Hausaufgaben nach Hause bringen?

▶ Ja, klar. Ich [3] .... heute Nachmittag zu Kofi gehen.

[4] .... Sie mir bitte auch die Arbeitsblätter geben?

müssen

▶ Frau Schäfer, welche Aufgabe [5] ..m.............................. wir machen?

■ Ihr [6] .... alle Aufgabe 4 machen.

Leon [7] .... auch Aufgabe 3 machen.

◁ Hä? Warum [8] .... ich auch Aufgabe 3 machen?

■ Du [9] .... die Aufgabe noch nachmachen.

Die 3 war Hausaufgabe für heute.

wollen

▶ [10] .... wir heute Fußball spielen?

◁ Nein, ich [11] .... nicht Fußball spielen.

▶ Was [12] .... du machen?

◁ Fahrrad fahren. [13] .... ihr auch Fahrrad fahren?

▶ Nein, wir [14] .... nicht Fahrrad fahren.

möchten

▶ Ich habe am Samstag Geburtstag. [15] .... du zu meiner Party kommen?

◁ Ja! Ich [16] .... sehr gern kommen!

▶ Super! Meine Mutter [17] .... dich kennenlernen.

◁ Meine Eltern [18] .... meine Freunde auch immer kennenlernen.

Modalverben (können, müssen, wollen und möchten)

Üben II

1 Ergänze und markiere wie im Beispiel.

möchte ~~können~~ muss willst könnt wollen wollen

1. „Frau Blum, können Sie die Grammatik bitte noch einmal erklären?"
2. Henri .... morgen einen Test schreiben.
3. „Kofi und Caro, ... ihr mir mit den Hausaufgaben helfen?"
4. Kim und Marie .... in der Klasse zusammensitzen. Sie sind Freundinnen.
5. „Herr Demirel, ich .... bitte die Hausaufgaben vorlesen."
6. „............ du in unserem Fußballteam mitspielen?"
7. Wir .... heute nicht so viele Hausaufgaben machen.

2 Ergänze und verbinde wie im Beispiel.

1. [können] Ich gehe nicht ins Schwimmbad. Ich kann
2. [möchten] Henri hat Hunger. Er ....
3. [wollen] Hast du ein Fahrrad? .... du
4. [möchten] Habt ihr eine Frage? .... ihr
5. [müssen] Es ist spät. Wir ....

...... b) etwas fragen?
1 a) nicht schwimmen.
...... c) etwas essen.
...... d) ins Bett gehen.
...... e) eine Fahrradtour machen?

3 Ergänze. Höre und kontrolliere dann.

9
1. Yuri will in Deutsch eine Eins schreiben. [schreiben wollen]
2. Er .... jeden Tag .... [lernen müssen]
3. Der Lehrer .... die Grammatik leider nicht gut .... [erklären können]
4. Yuri .... aber eine gute Note .... [haben möchten]
5. Und er weiß: Ohne Grammatik .... er nicht gut Deutsch .... [sprechen können]
6. Yuris Eltern .... Yuri .... [helfen wollen]
7. Sie .... die Grammatikregeln auch .... und verstehen. [lesen müssen]

4 Modalverben (können, müssen, wollen und möchten)

Üben II

4 Ergänze wie im Beispiel.

Satzmodell
Subjekt
Verb
Schreibe einen Punkt oder ein Fragezeichen am Satzende!

1. Basketball spielen | möchte | mit meinen Freunden | .
   Ich möchte mit meinen Freunden Basketball spielen.
2. für das Spiel am Sonntag | wollen | trainieren | .
   Wir ....
3. sehr gut | spielen | können | .
   Caro und Henri ....
4. üben | noch mehr | muss | .
   Kofi ....
5. machen | will | heute viele Punkte | .
   Ich ....
6. spielen | wollen | ?
   .... ihr auch ....

5 Schreibe die Sätze richtig.

1. du: deine Hausaufgaben machen müssen.
   Du musst deine Hausaufgaben machen.
2. wir: eine gute Note schreiben wollen.
   ....
3. Sara: die Hausaufgaben nicht vorlesen wollen.
   ....
4. ihr: gut rechnen können?
   ....
5. du: einen Apfel essen möchten?
   ....

Ja/Nein-Frage: konjugiertes Verb am Satzanfang!
→ S. 76

★ 6 Und du? Lies die Fragen. Schreibe fünf Antworten ins Heft.

Was kannst du gut machen?
Was kannst du nicht gut machen?
Was möchtest du machen?
Was willst du nicht machen?
Was musst du machen?

Ich kann gut zeichnen.

Modalverben (können, müssen, wollen und möchten) 4

Testen

1 Was ist richtig? Markiere.

1. ☐ Müssen ☐ Möchtest du die Hausaufgaben vorlesen?
2. Ich ☐ wollt ☐ will eine gute Note schreiben.
3. Kim und Lukas ☐ können ☐ möchte sehr gut rechnen.
4. ☐ Musst ☐ Müsst du für den Test viel lernen?
5. Caro ☐ könnt ☐ kann heute nicht kommen. Sie ist krank.
6. Wir ☐ müsst ☐ müssen diese Aufgabe machen.

Punkte: .... / 6

✓ Du kannst jetzt das richtige Modalverb in der richtigen Form erkennen!

2 Schreibe die Sätze richtig.

1. schwimmen | können | .

   Du ....

2. einen Schwimmkurs machen | möchten | .

   Ich ....

3. wollen | ins Schwimmbad | gehen | .

   Henri ....

4. auch | kommen | müssen | .

   Ihr ....

5. können | mit dem Fahrrad | fahren | .

   Wir ....

6. kommen | später | wollen | .

   Marie und Lukas ....

Punkte: .... / 6

✓ Du kannst jetzt Sätze mit Modalverben bilden!

Punkte insgesamt: .... / 12

5 Trennbare Verben

Verstehen

1 Lies und verbinde.

1. Der Unterricht fängt jetzt an. ..... a) aufschreiben
2. Caro hört der Lehrerin zu. ..1.. b) anfangen
3. Caro macht das Heft auf. ..... c) zuhören
4. Sie schreibt die Wörter auf. ..... d) aufmachen

Trennbare Verben haben zwei Teile:

Infinitiv **auf**/schreiben — **Vorsilbe** (Präfix) Verb

Caro schreibt die Wörter **auf**. — **Vorsilbe** (Präfix) Verb

2 Konjugation im Präsens: Ergänze und markiere wie im Beispiel.

an/fangen

Ich	fange nicht	an.
Du	fängst mit der Aufgabe	an.
Bio	fängt jetzt	....
Wir	fangen ein neues Thema	......!
Ihr	fangt mit Aufgabe 1	an.
Sie	fangen mit Aufgabe 3	an.

auf/machen

Ich	mache das Buch	auf.
Du	machst das Heft	auf.
Caro	macht das Heft	....
Wir	machen die Tür	auf.
Ihr	macht die Augen	auf.
Sie	machen das Geschäft	auf.

Regelmäßige Verben → S. 8
Unregelmäßige Verben → S. 14
Ist ein Verb trennbar? → digital Verben I
nicht trennbare Verben → A2

Trennbare Verben können regelmäßig oder unregelmäßig sein. Das Verb musst du konjugieren. Verben mit diesen Vorsilben sind trennbar: *ab-, an-, auf-, aus-, ein-, mit-, nach-, um-, vor-, weg-, weh-, weiter-, zu-, zurück-*.

! Diese Verben mit Vorsilbe sind nicht trennbar: *verstehen, empfehlen, beantworten, verbinden …*

3 Positionen im Satz: Lies und ergänze die Regel.

1 2 Satzende ~~Satzende~~

1. [Der Unterricht]¹ fängt² jetzt an.
2. Wann fängt der Unterricht an?
3. Fängt der Unterricht jetzt an?

Satzklammer

Wir machen das Buch auf.
Verb — Vorsilbe

Modalverb + trennbares Verb im Infinitiv: nicht trennen!
Wir wollen jetzt anfangen.
→ S. 24

Im Hauptsatz und in W-Fragen: Verb auf Position ......, Vorsilbe am Satzende.

In Ja/Nein-Fragen: Verb auf Position ......, Vorsilbe am ....

 4

Trennbare Verben

Üben I

1 Markiere und ergänze wie im Beispiel.

1. ab|holen: Nadja (holt) ihren Bruder Oleg von der Schule (ab).
2. mitkommen: Gabriel kommt auch .... Gabriel singt ein Lied.
3. ansehen: Oleg und Nadja sehen Gabriel ....
4. zuhören: Sie hören Gabriel .... Das möchte Gabriel nicht.
5. aufhören: „Bitte hör nicht .... Du kannst gut singen!", sagt Oleg.
6. zumachen: Aber Gabriel will nicht mehr singen. Er macht seinen Mund ....
7. ankommen: Um 13:45 Uhr kommen Nadja, Oleg und Gabriel zu Hause ....
8. einladen: Nadjas Eltern laden Gabriel zum Mittagessen ....

2 Ergänze. Höre und kontrolliere dann.

▶ 10

▶ Kim, a u f steh e n! Kim? St_h_ _ du bitte _ _ _?

◁ Ja, Papa. Ich steh_ gleich _ _ _. Warum steh_ Leo nicht _ _ _?

▶ Leo muss heute nicht _ _ _steh_ _. Er hat heute frei.

▶ Wir spielen Frisbee. Wer möchte m i t sp i e l e n? Sp_ _l_ ihr _ _ _?

◁ Ja, ich sp_ _l_ gern _ _ _. Mariana, sp_ _l_ _ du auch _ _ _?

■ Nein, ich möchte nicht _ _ _spiel_ _.

3 Ist das Verb trennbar? Kreuze an. Schreibe dann wie im Beispiel ins Heft.

- ☒ **ab-** abfahren, abmachen
- ☐ **an-** anbieten, ankreuzen
- ☐ **aus-** ausfüllen, aussehen
- ☐ **be-** beantworten, beginnen
- ☐ **ein-** einladen, einkaufen
- ☐ **mit-** mitnehmen, mitspielen
- ☐ **nach-** nachsprechen, nachsehen
- ☐ **weg-** weggehen, wegfahren
- ☐ **zu-** zumachen, zuordnen
- ☐ **ver-** verstehen, vergessen
- ☐ **zurück-** zurückgehen, zurückkommen, zurückrufen
- ☐ **weh-** wehtun, leidtun

abfahren – er fährt ab

5 Trennbare Verben

Üben II

1 Markiere und ergänze wie im Beispiel. Höre und kontrolliere dann.

▶ 11

1. ein|steigen — sie steigt ein — Kim steigt in den Bus ein.
2. anrufen — sie ………… ………… — Im Bus ………… Kims Freundin Marie ………….
3. einladen — sie ………… ………… — Kim ………… Marie zu ihrem Geburtstag ………….
4. mitbringen — ich ………… ………… — Marie sagt: „Ich ………… einen Kuchen …………."
5. aussteigen — ich ………… ………… — Kim sagt: „Ich ………… jetzt aus dem Bus …………."
6. zurückrufen — ich ………… ………… — „Ich ………… dich später …………."

2 Schreibe die Sätze richtig.

Denke an die Satzklammer: Vorsilbe am Satzende!

1. wir | ankreuzen | die richtige Antwort | .

   Wir kreuzen die richtige Antwort an.

2. Jan | vorlesen | die Hausaufgaben | .

   …………

3. ich | aufschreiben | die Wörter | .

   …………

4. wir | nachsprechen | die Wörter | .

   …………

5. du | zuordnen | die Fotos und Sätze | .

   …………

3 Schreibe die W-Fragen richtig.

nehmen, fangen: unregelmäßig, Vokalwechsel!
→ digital Verben I
W-Fragen → S. 76

1. Wann | aufstehen | du | ? Wann stehst du auf?
2. Wann | anfangen | der Unterricht | ?

   …………

3. Was | einkaufen | du heute | ?

   …………

4. Was | mitnehmen | du zur Schule | ?

   …………

✶ 4 Was antwortest du auf die Fragen in Aufgabe 3? Schreibe deine Antworten ins Heft.

Ich stehe um 6 Uhr auf.

Trennbare Verben

Testen

1 Ergänze die Vorsilbe.

an auf auf mit vor zu

1. _ _ _machen: Die Lehrerin macht die Tür …………… .
2. _ _fangen: Um 8 Uhr fängt der Unterricht …………… .
3. _ _ _schreiben: Bitte schreibt die Wörter …………… !
4. _ _ _lesen: Henri liest die Hausaufgaben laut …………… .
5. _ _hören: Seid bitte leise! Alle hören jetzt Henri …………… !
6. _ _ _machen: Machst du im Unterricht …………… ?

Punkte: …………… / 6

✓ Du kennst jetzt die Vorsilben von trennbaren Verben!

2 Schreibe die Sätze richtig.

1. Caro | einsteigen | in den Bus | .

   ……………………………………………………………………………………

2. Der Bus | abfahren | pünktlich | .

   ……………………………………………………………………………………

3. Caro | ankommen | um 15 Uhr in Berlin | .

   ……………………………………………………………………………………

4. Sie | einkaufen | in Berlin | .

   ……………………………………………………………………………………

5. Sie | mitbringen | ein Buch für ihre Schwester Lou | .

   ……………………………………………………………………………………

6. Lou | abholen | Caro am Abend vom Bus | .

   ……………………………………………………………………………………

Punkte: …………… / 6

✓ Du kannst jetzt Sätze mit trennbaren Verben bilden!

Punkte insgesamt: …………… / 12

6 Imperativ
Verstehen

1 Markiere die Verben wie im Beispiel. Kreuze dann an.

Kommt bitte um 16 Uhr.
Bringt Kuchen oder Salat mit!
Und seid bitte pünktlich!

Herr Hans! Bringen Sie bitte Musik mit!

Sieh mal! Die Schulparty! Komm vor der Party zu mir. Bring deine Sachen mit. Sei um 14 Uhr bei mir!

Marie

Marie spricht mit ☐ dem Lehrer. ☐ ihrer Freundin. ☐ der Klasse.
Der Lehrer spricht mit ☐ Marie. ☐ einer Lehrerin. ☐ der Klasse.
Der Junge spricht mit ☐ dem Lehrer. ☐ Kim. ☐ der Klasse.

Der Imperativ ist eine Verbform für Befehle und Aufforderungen (*Bringt Kuchen mit!*) und Verbote (*Bringt keinen Kuchen mit! Kommt nicht zur Party!*). Am Ende steht ein Ausrufezeichen ! oder ein Punkt.

2 Bildung: Ergänze und markiere wie im Beispiel.

du

Infinitiv	Präsens	Imperativ
kommen	~~du~~ komm~~st~~	Komm !
sehen	du siehst	.... !
mit|bringen	du bringst … mit	.... … .... !

Regelmäßige Verben → S. 8

Unregelmäßige Verben → S. 14
→ digital Verben I

Trennbare Verben → S.30

Unregelmäßige Verben mit Umlaut im Präsens: kein Umlaut im Imperativ, *fahren: ~~du~~ fähr~~st~~ – Fahr!*
Infinitiv mit Umlaut: Imperativ mit Umlaut: *aufräumen – Du räumst auf. – Räum auf!*
du-Imperativ mit -*e*: Verben mit Verbstamm auf -t, -d, -n (*Finde eine Lösung! Arbeite! Ordne zu!*)
oder in Texten: *Schreibe die Sätze! Lerne die Wörter auswendig! Ergänze!*

ihr

~~ihr~~ kommt	.... !
ihr seht	Seht!
ihr bringt … mit	.... … .... !

Sie

Sie kommen	Kommen Sie!
Sie sehen	Sehen Sie!
Sie bringen … mit	.... … .... !

Sie: für zwei oder mehr Personen: *Herr Hans und Frau Blum, kommen Sie, bitte!*

3 Imperativ: „sein". Ordne zu. sei ~~seien~~ seid

.... bitte um 14 Uhr bei mir, Kim! Bitte seien Sie nicht böse, Herr Hans!

.... alle pünktlich, bitte!

Bitte Position im Satz:
Sei ***bitte*** pünktlich!
Bitte sei pünktlich!
Sei pünktlich, ***bitte***!

 5

Imperativ
Üben I

1 Lies und ergänze das Satzzeichen. Höre und kontrolliere dann.

12

1. Du liest die Aufgabe.	Liest du die Aufgabe?	Lies die Aufgabe!
2. Ihr erzählt	Erzählt ihr	Erzählt .....
3. Du fängst an	Fängst du bitte an	Fang bitte an .....
4. Sie räumen auf	Räumen Sie auf	Räumen Sie auf .....

Satzzeichen:
Imperativ → !
Frage → ?
Aussage → .

Sie: Frage und Imperativ Satzbau gleich, Satzzeichen und Satzmelodie anders.

2 du-Imperativ: Bilde die Formen wie im Beispiel.

Infinitiv	Präsens	Imperativ
1. schreiben	~~du~~ schreibst	Schreib bitte eine Nachricht!
2. fragen	....	Verstehst du das nicht? ..... die Lehrerin!
3. nehmen	~~du~~ nimmst	..... einen Apfel!
4. helfen	....	..... mir bitte mal!
5. laufen	....	..... nicht so schnell!
6. auf|räumen	~~du~~ räumst auf	..... bitte dein Zimmer .....!
7. an|rufen	....	..... bitte deine Eltern .....!

Umlaut im Infinitiv: Umlaut im Imperativ!
kein Umlaut im Infinitiv: kein Umlaut im Imperativ!

3 ihr-Imperativ: Bilde die Formen wie im Beispiel.

1. nehmen	ihr nehmt	Nehmt bitte eure Hefte!
2. schreiben	.....	Bitte ..... die Wörter ins Heft!
3. zu|hören	.....	Ich möchte etwas sagen. ..... bitte .....!

4 Formeller Imperativ: Ergänze.

Trennbare Verben: auch im Imperativ trennbar! Denke an die Satzklammer!

Liebe Eltern!
Wir wollen am Freitag einen Ausflug machen.

[1] Bringen Sie Ihr Kind um 7 Uhr zur Schule [bringen].

[2] .... Ihrem Kind bitte 10 Euro für Essen ..... [mit|geben].

Bitte [3] .... hier ein Essen für Ihr Kind .....: ☐ Nudeln ☐ Pizza [an|kreuzen].

[4] .... Ihr Kind bitte um 17 Uhr ..... [ab|holen].

6 Imperativ

Üben II

1 Ergänze die richtige Form.

Informell
eine Person: du-Imperativ
zwei oder mehr Personen: ihr-Imperativ

▶ Leute, [1] kommt, wir spielen Karten!

Fabian, [2] .... bitte das Spiel! [holen]

Tim und Lara, [3] .... bitte den Tisch ....! [auf|räumen]

Fabian, [4] .... jedem Spieler sieben Karten! [geben]

[5] .... bitte alle drei fair! [spielen]

▶ [6] .... bitte alle ruhig! [sein] Marie, was schreibst du da?

[7] .... bitte ....! [auf|hören]

[8] .... bitte zu zweit. [arbeiten]

[9] .... die Fragen und [10] .... zusammen. [lesen, sprechen]

[11] .... dann die Antworten. [schreiben] [12] .... jetzt bitte .... [an|fangen]

◁ Herr Demirel, [13] .... bitte die Aufgabe. [erklären]

■ Ja, genau. [14] .... bitte auch die Seite noch einmal. [sagen]

Sie: formeller Imperativ!

2 Markiere die Person und schreibe die Sätze im Imperativ. Höre und kontrolliere dann.

13
1. Öffnest du bitte das Fester? Öffne bitte das Fenster!
2. Lernt ihr bitte die Wörter? .... bitte ....
3. Helfen Sie uns bitte? .... bitte!
4. Isst du bitte deine Pizza? .... bitte ....
5. Sprechen Sie mit meinen Eltern? Bitte, ... nicht ....
6. Steht ihr bitte auf? .... bitte ....
7. Lesen Sie den Satz vor? Bitte ....

★ 3 Schreibe 6 Sätze im Imperativ ins Heft.

an meine Freundin/meinen Freund	an meine Eltern	an meine Lehrer/Lehrerinnen
1. Hör zu!	1. Hört zu!	1. Hören Sie zu!
2. ...	2.	2.

Imperativ
Testen

1 Ergänze den Imperativ.

1. du isst .... bitte dein Brot!
2. ihr erzählt Wie ist die neue Lehrerin? ....!
3. Sie lesen vor Was heißt das? .... das Wort bitte ....!
4. Sie fahren .... bitte langsam!
5. du nimmst .... dein Heft!
6. ihr arbeitet .... bitte zusammen!

Punkte: .... / 6

✓ Du kannst jetzt den Imperativ bilden!

2 Schreibe Sätze im Imperativ.

1. Fragst **du** deine Eltern? ....
2. Räumt **ihr** das Zimmer auf? ....
3. Kommst **du** bitte? .... bitte!
4. Fängst **du** bitte an? Bitte ....
5. Erklären **Sie** das bitte? ....
6. Schreibt **ihr** bitte die Wörter? .... bitte ....

Punkte: .... / 6

✓ Du kannst jetzt Sätze im Imperativ bilden!

Punkte insgesamt: .... / 12

7 Präteritum „haben", „sein", Modalverben

Verstehen

1 Mia erzählt von den Ferien. Markiere die Verben und ergänze die Regel.

Mia erzählt von den Ferien:

Das Präteritum ist eine Zeitform für die Vergangenheit (*gestern, letzte Woche, …*).
Die Verben *sein* und *haben* bilden das Präteritum mit einer Verbform:

Wir [1] hatten……… viel Spaß!

Die Modalverben bilden das Präteritum so: Modalverb im Präteritum + Infinitiv:

Wir [2] …………………… ins Museum …………………… .

Die Zeitangabe steht nach dem konjugierten Verb oder auf Position 1:

Wir waren **letzte Woche** in Spanien. **Letzte Woche** [3] ………………… wir in Spanien.

Zeitangaben im Satz → S. 82

haben und *sein* im Präsens → S. 20

Modalverben im Präsens → S. 24

2 Konjugation im Präteritum: Ergänze die Tabelle und kreuze an.

Modalverben *sollen, dürfen* → A2

	sein	haben	können	müssen	wollen
ich	…………	hatte	konnte	musste	wollte
du	warst	hattest	konntest	musstest	wolltest
er/sie/es	…………	hatte	konnte	musste	wollte
wir	…………	…………	…………	mussten	…………
ihr	wart	hattet	konntet	…………	wolltet
sie/Sie	waren	hatten	konnten	mussten	wollten

Die 1. und 3. Person Singular sind im Präteritum ☐ gleich ☐ nicht gleich.
Die Modalverben *können* und *müssen* haben im Präteritum ☐ einen ☐ keinen Umlaut (ö, ü).

Präteritum „haben", „sein", Modalverben 7

Üben I

1 Was ist richtig? Markiere das Subjekt wie im Beispiel und kreuze dann an.

1. Wir ☒ hatten ☐ waren Ferien und ☐ hatten ☐ waren jeden Tag am Strand.
2. ☐ Wart ☐ Hattet ihr in den Ferien weg? Oder ☐ wart ☐ hattet ihr zu Hause?
3. Ich ☐ hatte ☐ war in den Bergen. Ich ☐ hatte ☐ war kein Internet!
4. Du ☐ hattest ☐ warst in den Ferien Geburtstag. Herzlichen Glückwunsch!
5. Mein Geburtstag ☐ hatte ☐ war toll! Ich ☐ hatte ☐ war sehr viel Spaß!
6. Zuerst ☐ hatte ☐ war das Wetter schlecht. Aber dann ☐ hatten ☐ waren wir viel Sonne!

2 Ergänze. Höre und kontrolliere dann.

14
◁ Warum [1] k o nn_ _ _ _ du gestern nicht kommen?

▶ Ich [2] m _ss_ _ so viele Hausaufgaben machen.

◁ Ach so. Schade. Wir [3] w_ll_ _ _ in den Park gehen. Aber das Wetter war schlecht.

▶ [4] W_ll_ _ _ _ du gestern nicht Freunde treffen und ins Kino gehen?

◁ Doch, aber wir [5] m _ss_ _ _ zuerst für den Test lernen.

▶ [6] K_nn_ _ _ ihr nicht mehr ins Kino gehen?

◁ Nein, leider nicht.

3 Was ist richtig? Markiere.

1. Gestern war | hatte ich krank. Ich konnte | wollte nicht in die Schule gehen.
2. Die Hausaufgaben hatten | waren schwer. Konntest | Hattest du die Hausaufgaben allein machen?
3. Letzte Woche konnte | wollten wir mit der 7b im Park Fußball spielen.
   Aber das Wetter war | hatte sehr schlecht. Wir konnten | musste nicht spielen.
4. Toni und Bo mussten | hattet gestern für einen Test lernen. Aber sie waren | hatten keine Lust.
5. Am Montag konntest | mussten wir einen Vokabeltest schreiben. Der Test hatte | war einfach.
6. Was musstet | musstest du am Montag schreiben? Wie viele Punkte warst | hattest du?
7. Hattet | Hatten ihr gestern Sport? Warst | Wart ihr auf dem Sportplatz?

7 Präteritum „haben“, „sein“, Modalverben

Üben II

1 Ergänze im Präteritum.

1. Leni wollte am Samstag mit Kofi ins Schwimmbad gehen. [gehen wollen]
2. Aber Kofi .... leider keine Zeit. [haben]
3. Er .... für das Fußballspiel .... [trainieren müssen]
4. Marco und Lulu .... am Samstag im Park. [sein]
5. Lulu .... im Park mit anderen Hunden .... [spielen können]
6. Marco und Lulu .... um 20 Uhr wieder zu Hause .... [sein müssen]

2 Schreibe die Sätze im Präteritum. Höre und kontrolliere dann.

15

1. Meine Ferien sind toll.
   Meine Ferien waren toll.
2. Wir sind in der Türkei.
   ....
3. Ich will meine Cousins besuchen.
   ....
4. Meine Eltern können nicht so lange in der Türkei bleiben.
   ....
5. Sie müssen wieder arbeiten.
   ....
6. Habt ihr viel Spaß in den Ferien?
   ....

★ 3 Und deine Ferien? Lies die Fragen. Schreibe fünf Antworten ins Heft.

1. Wo warst du?
2. Wie war das Wetter?
3. Hattest du viel Spaß?
4. Was wolltest du (nicht) machen?
5. Was konntest du (nicht) machen?
6. Was musstest du (nicht) machen?

1. Ich war in ...

Präteritum „haben“, „sein“, Modalverben 7

Testen

1 Was ist richtig? Markiere.

◁ [1] War | Wart ihr in den Ferien in Spanien?

▶ Ja, wir [2] hattet | hatten viel Spaß. Und du?

◁ Ich [3] war | wart zu Hause und das Wetter [4] war | waren toll.

▶ Aha. [5] Konntet | Konntest du Freunde treffen?

◁ Ich [6] wollten | wollte mit Kim ins Kino gehen. Aber Kim [7] hattest | hatte keine Lust.

Punkte: .... / 7

✓ Du kannst jetzt das Präteritum von „haben“, „sein“ und den Modalverben richtig erkennen!

2 Schreibe die Sätze im Präteritum.

1. im Schwimmbad sein

   Wir .... am Nachmittag ....

2. keine Lust haben

   Henri .... gestern ....

3. nicht in die Schule gehen können

   Ich .... letzte Woche ....

4. für das Fußballspiel trainieren wollen

   Ihr ....

5. zu Hause sein müssen

   Kim und Marie .... um 21 Uhr ....

Punkte: .... / 5

✓ Du kannst jetzt Sätze mit „haben“, „sein“ und den Modalverben im Präteritum bilden!

Punkte insgesamt: .... / 12

8 Nomen und Artikel im Nominativ

Verstehen

1 Was ist richtig? Kreuze an.

Auf dem Foto
ist ☐ ein Lehrer. ☐ kein Lehrer.
ist ☐ eine Lehrerin. ☐ keine Lehrerin.
ist ☐ ein Heft. ☐ kein Heft. ☐ sind Hefte.
sind ☐ drei Schüler. ☐ keine Schüler.

☐ Der Schüler schreibt.
☐ Die Lehrerin spricht.
☐ Das Heft liegt auf dem Tisch.
☐ Die Schüler und die Schülerin hören zu.

Lehrer, Lehrerin, Heft, Schüler, Schülerin sind **Nomen**.
Nomen haben ein Genus: männlich/maskulin (m), neutral/neutrum (n) oder weiblich/feminin (f).
Nomen gibt es im Singular (*ein Schüler, eine Schülerin*)
und im Plural (*drei Schüler und Schülerinnen*).
Nomen stehen oft mit **Artikel**n: *der, das, die, ein, eine, kein, keine.*
Nominativ ist ein Fall (Kaus). Das Subjekt im Satz steht im Nominativ:
Wer/**Was** macht etwas? *Die Schülerin schreibt. Auf dem Tisch liegt ein Heft.*
sein + Nominativ: Die Frau ist die Lehrerin. Der Junge ist kein Lehrer.

Akkusativ → S. 48
Dativ → A2
Genitiv → B1

2 Lies und ergänze die Artikel.

maskulin	neutrum	feminin	Plural
bestimmter Artikel			
der ... Lehrer	.... Heft	.... Lehrerin	.... Schülerinnen
unbestimmter Artikel und Negativartikel			
.... Lehrer	ein ... Heft	.... Lehrerin	– Schülerinnen
.... Lehrer	kein ... Heft	.... Lehrerin	.... Schülerinnen

Lerne Nomen immer mit dem Artikel!
der, die oder das?
→ www.pons.com hilft

Der bestimmte Artikel ist im Plural immer: die

! Kein unbestimmter Artikel im Plural!

! das Mädchen: Die Person ist weiblich, aber das Wort ist neutral.
! Zusammengesetzte Wörter (Komposita): der Sport + **die** Lehrerin = **die** Sportlehrerin,
der Sport + **der** Lehrer = **der** Sportlehrer
Nur im Plural: die Leute, die Eltern, die Möbel, die Ferien: *Die Ferien sind super!*

3 Pluralbildung: Lies und markiere wie im Beispiel.

-e: das Heft – die Hefte ¨-e: der Stuhl – die Stühle	-: der Schüler – die Schüler ¨-: der Apfel – die Äpfel
-n: die Tasche – die Taschen -en: die Tür – die Türen	-s: das Handy – die Handys -s: der Kuli – die Kulis
-er: das Kind – die Kinder ¨-er: das Buch – die Bücher	

Nomen auf *-er* → oft Plural = Singular oder + Umlaut

Englische Wörter oder Abkürzungen Plural meistens *-s*
der Kugelschreiber – der Kuli

Nomen auf *-s* → Plural *-se*:
das Ergebnis – die Ergebnisse

Lerne Nomen immer mit Plural!
→ www.pons.com hilft

Nomen und Artikel im Nominativ 8

Üben I

1 Bestimmter Artikel: Ergänze. Die Farben helfen.

Bedeutung ähnlich, Artikel anders → Lerne auswendig!

1. der Raum — das Zimmer
2. .... Wohnung — .... Haus
3. .... Wort — .... Vokabel
4. .... Prüfung — .... Vokabeltest
5. .... Lösung — .... Ergebnis
6. .... Film — .... Video — .... Video-Clip
7. .... Person — .... Leute
8. .... Vater — .... Mutter — .... Eltern
9. .... Urlaub — .... Ferien

2 Was ist richtig? Kreuze an. Die Farben helfen.

1. Wir gehen in den Zoo. Das ist ☐ ein ☐ eine Ausflug. Das ist ☐ kein ☐ keine Unterricht.
2. Konzentrier dich! Das ist ☐ ein ☐ eine Prüfung. Das ist ☐ kein ☐ keine Spiel.
3. Wer? Was? Das sind ☐ eine ☐ – Fragen. Das sind ☐ kein ☐ keine Antworten.
4. Toast und Tee: Das ist ☐ ein ☐ eine Frühstück. Das ist ☐ kein ☐ keine Abendessen.
5. Lauf! Das ist ☐ ein ☐ eine Fußballspiel! Das ist ☐ kein ☐ keine Schulpause!
6. Sei nicht nervös! Das ist ☐ ein ☐ eine Aufgabe. Das ist ☐ kein ☐ keine Test.
7. 1, 2, 3, … Das sind ☐ eine ☐ – Zahlen. Das sind ☐ kein ☐ keine Buchstaben.
8. Straßmann: Das ist ☐ ein ☐ eine Name. Das ist ☐ kein ☐ keine Adresse.

Kein unbestimmter Artikel im Plural!

Negativartikel im Plural: *keine*.

3 Schreibe den Plural.

1. –: der Fehler – ....
   der Computer – ....
   der Onkel – ....
2. ¨: der Laden – ....
3. -e: das Papier – ....
4. ¨e: der Plan – die Pläne
   der Baum – ....
   der Saft – ....
5. -er: das Bild – ....
6. ¨er: das Fahrrad – ....
7. -n: die Aufgabe – ....
   die Schwester – ....
8. -en: die Lösung – ....
9. -s: das Video – ....
   das Hobby – ....

8 Nomen und Artikel im Nominativ

Üben I

4 Markiere 9 Nomen. Ordne zu und schreibe dann wie im Beispiel.

Du weiß den Artikel oder den Plural nicht? → **www.pons.com**

BAHOBBYNYXLIEDZARNAMERASTADTHOMTPREISMALZAHL TOWBLANDRORAUMTSARE-MAILAERSAHL

1. Caro Schmidt ..der.. N a m e ..ein/kein Name.. ..die Namen..
2. 1,50 € ..der.. _ _ _ _ _ ....
3. 354 .... _ _ _ _ ....
4. info@service.de .... _-_ _ _ _ ....
5. Berlin .... _ _ _ _ _ ....
6. Lesen, Sport .... _ _ _ _ _ ....
7. Küche, Bad .... _ _ _ _ ....
8. Schweiz .... _ _ _ _ ....
9. „Lalala" .... _ _ _ _ ....

5 Was ist richtig? Markiere. Höre und kontrolliere dann.

16 [1] Die | – Schule von Marie und Henri heißt Schiller-Schule. Das ist [2] ein | die Gymnasium.

Die 7c ist [3] ein | die Klasse von Marie und Henri. Sport und Deutsch sind [4] die | eine Lieblingsfächer von Henri. [5] Der | – Lieblingslehrer von Marie heißt Herr Demirel.

In der Schule steht [6] ein | eine Aquarium.

[7] Das | Der Aquarium ist groß.

Im Aquarium leben [8] eine | – Fische.

[9] Die | Eine Fische sind rot und gelb.

Nur [10] ein | eine Fisch ist schwarz.

Auf dem Schulhof stehen [11] – | eine Pflanzen.

[12] Eine | Ein Pflanze ist sehr schön. [13] Die | Der Pflanze ist [14] – | ein Kirschbaum. [15] Das | Der Baum steht am Eingang.

Nomen und Artikel im Nominativ

Üben II

Personen: maskulin: -er, Plural: –
feminin: +in, Plural: -innen

1 Ergänze.

m, Singular	m, Plural	f, Singular	f, Plural
der Lehrer	die Lehrer	die Lehrerin	die Lehrerinnen
....	....	die Ärztin	....
der Schüler	....	....	....
....	die Freunde	....	....
der Verkäufer	....	....	....

2 Ergänze wie im Beispiel.

1. D_ _ Zimmer ist für die Klasse. Das ist das Klassenzimmer.
2. D_ _ Tasche ist für die Schule. Das ist d........ Schul.............. .
3. D_ _ Aufgabe machst du zu Hause! Das ist .... Haus.............. .
4. D_ _ Schlüssel ist für das Wohnzimmer. Das ist .... Wohnzimmer.............. .
5. D_ _ Rechner passt in die Tasche. Das ist d........ Taschen.............. .
6. D_ _ Schuhe sind für den Sport. Das sind .... Sport.............. .

Eine Information ist neu
→ unbestimmter Artikel!
Die Information ist bekannt
→ bestimmter Artikel!

3 Ergänze wie im Beispiel. Höre und kontrolliere dann.

17

▶ 2 + 2 = 5? Das ist [1] ein Fehler!

◁ Ja, aber [2] der Fehler ist nicht schlimm, oder?

▶ Frau Özdemir? Ist das [3] .... Lehrerin?

◁ Ja, das ist [4] .... neue Kunstlehrerin.

▶ Türkis? Ist das [5] .... Farbe?

◁ [6] .... Farbe ist eine Mischung: Blau und Grün.

▶ „Tintenherz"? Ist das [7] .... Buch?

◁ Ja, das ist [8] .... Lieblingsbuch von Kim.

▶ Bo? Ist das [9] .... Name?

◁ Ja, aber [10] .... Name ist selten.

▶ Ist das [11] .... Hund?

◁ Ja, aber [12] .... Hund ist sehr klein.

8 Nomen und Artikel im Nominativ

Üben II

4 Ergänze.

– – Das das ~~der~~ ein Eine

▶ Ist das hier [1] der........ Kunstraum?

◁ Nein, das ist [2] .... Klassenzimmer von Klasse 7b.

▶ Warum sind da [3] .... Kunstsachen? Auf dem Tisch liegen [4] .... Scheren und Farben.

◁ Das ist [5] .... Projekt. [6] .... Thema ist „[7] .... Welt – viele Sprachen".

der ein die keine

▶ Sind das [8] .... Hausaufgaben für heute?

◁ Das sind [9] .... Hausaufgaben. Das ist [10] .... Brief.

▶ Zeig mal! Oh, [11] .... Brief ist sehr lang!

5 Unbestimmt oder bestimmt? Lies die Tipps und ergänze die Artikel.

1. Sieh mal, dort sitzt .... Vogel.

   .... Vogel ist rot, weiß und schwarz.

   Ist das .... Specht?

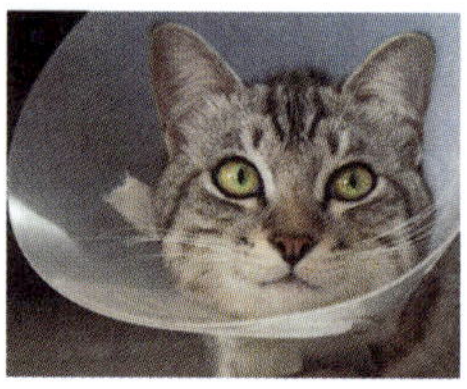

2. Caro hat .... Katze. .... Katze heißt Cleo.
3. Herr Demirel hat fünf Katzen. .... Katze ist krank.
4. .... Schüler in meiner Klasse kommt aus Korea.

   Das ist .... Land in Asien.

5. Caro hat viele Freunde. Henri ist .... Freund von Caro.

   Lukas und Caro sind zusammen. Lukas ist .... Freund von Caro.

Es gibt nur eine Person oder Sache und sie ist bekannt: bestimmter Artikel!

Es gibt mehrere Personen oder Sachen, eine ist gemeint: unbestimmter Artikel!

ein Freund/eine Freundin: Freundschaft
der Freund/die Freundin: Partnerschaft

✶ 6 Lege fünf Sachen auf den Tisch. Schreibe dann Sätze wie im Beispiel.

Das ist kein Stift. Das ist ein Schlüssel. Der Schlüssel ist grau.
Das ist kein Radiergummi. Das ist ein Kaugummi. Das Kaugummi ist lecker.

Nomen und Artikel im Nominativ

Testen

1 Kreuze an.

1. Das ist ☐ der ☐ keine ☐ – schwere Aufgabe. ☐ Ein ☐ Die ☐ – Lösung ist einfach.
2. Das ist ☐ das ☐ kein ☐ – Film. Das ist ☐ die ☐ ein ☐ eine Buch.
3. Dort sitzt ☐ eine ☐ die ☐ ein Hund. ☐ – ☐ Eine ☐ Der Hund ist schwarz.
4. Das sind ☐ das ☐ eine ☐ – Freunde von Caro. ☐ Der ☐ Die ☐ Das Freunde besuchen Caro.

Punkte: .... / 4

✓ Du kannst jetzt den richtigen Artikel im Nominativ auswählen!

2 Bilde den Plural.

1. der Kuli – ....
2. der Fehler – ....
3. der Raum – ....
4. das Fahrrad – ....

Punkte: .... / 4

✓ Du kannst jetzt Pluralformen im Nominativ bilden!

3 Ergänze Artikelwörter, wo nötig.

1. Das sind .... Eltern von Kim.
2. A, B, C: Das sind keine Buchstaben. Das sind .... Zahlen.
3. Lionel Messi? Ist das .... Freund von dir?
4. Hauptstraße 4 in Berlin: Das ist .... Name. Das ist eine Adresse.

Punkte: .... / 4

✓ Du kannst jetzt den richtigen Artikel im Nominativ ergänzen!

Punkte insgesamt: .... / 12

9 Akkusativ

Verstehen

1 Lies. Ergänze dann die Regel.

▶ Hast du einen Stift? Nimm den Stift hier.
◁ Nein danke, ich brauche keinen Stift. Ich sage ein Wort. Und du schreibst das Wort auf. Ich schreibe kein Wort.
▶ Okay. Du kannst auch einen Satz sagen und ich schreibe den Satz auf.
◁ Oder du schreibst eine Geschichte und benutzt die Wörter.

Akkusativ ist ein Fall (Kasus). Viele Verben stehen mit dem Akkusativ, z. B. haben ......, *nehmen*, ..., *schreiben, sagen, benutzen, suchen, essen, machen …*
Man muss Artikelwörter an den Fall anpassen (deklinieren). Nur die Artikel maskulin haben im Akkusativ eine andere Endung als im Nominativ: den, einen, keinen.

Nom: Der Stift ist gut. — Subjekt im Nominativ

Akk: Ich nehme den Stift. — Objekt im Akkusativ (Akkusativobjekt)

Nominativ → S. 42
Akkusativ

2 Deklination: Ergänze die Artikel.

Artikel im Akkusativ

maskulin	neutrum	feminin	Plural
bestimmter Artikel			
Ich habe den ...... Stift	.... Wort	die Geschichte	.... Wörter
unbestimmter Artikel und Negativartikel			
.... Stift	ein ...... Wort	.... Geschichte	– Wörter
.... Stift	.... Wort	keine Geschichte	.... Wörter

bestimmter Artikel, unbestimmter Artikel und Negativartikel → S. 42

bestimmter Artikel Plural immer: die

! Auch im Akkusativ: kein unbestimmter Artikel im Plural!

3 Markiere wie im Beispiel. Ergänze dann die Regel.

▶ Gibt es hier einen Schulkiosk?
◁ Nein, es gibt leider keinen Schulkiosk.
▶ Was macht ihr ohne einen Schulkiosk?
◁ Wir gehen in den Supermarkt.

Akkusativ steht auch nach
- Gibt .... (hier) … ? / Es .... …
- den Präpositionen *für*, ..., ...

in kann auch mit Dativ stehen: Wechselpräpositionen → A2

4 Negation: „kein" oder „nicht"? Lies und kreuze an.

Pronomen im Akkusativ → S. 58

Es gibt **keinen Kiosk** in der Schule.

Der Supermarkt **öffnet** heute **nicht**. Er ist auch **nicht groß**. Er verkauft **nicht viel**.

Nomen negiert man mit ☐ *kein-* ☐ *nicht*.
Verben, Adjektive, Adverbien, Zeitangaben, Ortsangaben negiert man mit ☐ *kein-* ☐ *nicht*.

 7

Akkusativ
Üben I

9

1 Markiere wie im Beispiel. Notiere dann die Verben im Infinitiv.

1. Henri versteht die Aufgabe nicht.
2. Henri fragt den Lehrer.
3. Der Lehrer beantwortet die Frage.
4. Caro öffnet das Fenster.
5. Kim sieht einen Vogel.
6. Kofi schreibt einen Text.
7. Kofi gibt den Text ab.
8. Herr Demirel korrigiert die Fehler.

Verben mit Akkusativ sind z. B.:

verstehen, ...

....

....

Trennbare Verben → S. 30

2 Ergänze die Artikelwörter. Die Farben helfen.

Die 7b hat heute [1] k e i n e n Unterricht.

Die Klasse macht [2] e_ _ _ _ Ausflug in [3] d_ _ Zoo.

Der Lehrer kauft [4] d_ _ Eintrittskarten.

Zuerst sieht die Klasse [5] e_ _ _ Giraffe und dann [6] e_ _ _ _ Tiger.

Nadja hat Geburtstag. Sie feiert [7] e_ _ _ Party.

Kim bringt [8] e_ _ _ _ Kuchen mit.

Kofi und Henri singen [9] e_ _ Geburtstagslied. Nadjas Vater bringt [10] d_ _ Essen.

Kim trinkt [11] e_ _ _ Cola und isst [12] e_ _ _ _ Hamburger.

Caro und Lou fahren in [13] d_ _ Stadt.

Caro braucht [14] e_ _ _ _ Rucksack und Lou möchte [15] e_ _ _ Tasche kaufen.

Und sie brauchen [16] e_ _ Geschenk für [17] d_ _ beste Freundin von Lou.

Sie finden [18] e_ _ _ _ Basketball. Aber Lou hat [19] k_ _ _ Geld mehr.

Deshalb kauft Caro [20] d_ _ Basketball.

3 Was ist richtig? Kreuze an.

1. Ich **verstehe** die Hausaufgaben ☐ keine ☐ nicht.
2. Mein Bruder muss heute ☐ keine ☐ nicht **Hausaufgaben** machen.
3. Ich habe ☐ keine ☐ nicht **viel** Zeit für meine Hobbys.
4. Heute bin ich ☐ keine ☐ nicht **müde** und ich **kann** ☐ nicht ☐ kein **schlafen**.
5. Pizza? Nein, danke! Ich habe ☐ keine ☐ nicht **Lust** auf Pizza. Ich will ☐ keine ☐ nicht **Pizza** essen.

9 Akkusativ

Üben I

4 Ergänze. Höre und kontrolliere dann.

die ein ~~einen~~ keinen

18

▶ Schreiben wir morgen [1] einen .... Test?

◁ Nein, wir schreiben [2] .... Test.

Aber lern besser [3] .... Wörter.

Wir spielen morgen [4] .... Vokabelspiel.

– – eine einen keine keine keinen

▶ Wir machen am Freitag [5] .... Ausflug.

Ich nehme [6] .... Jacke mit und ich ziehe [7] .... gute Schuhe an. Wir wollen ja wandern.

◁ Ich will [8] .... Ausflug machen. Ich habe [9] .... Lust.

▶ Warum magst du [10] .... Ausflüge? [11] .... Ausflüge sind lustig!

– – das den ein ein einen einen keinen

▶ Entschuldigung, ich suche [12] .... Supermarkt.

◁ Hier gibt es [13] .... Supermarkt. Was brauchst du?

▶ Ich brauche [14] .... Heft und [15] .... Stift.

▶ Siehst du [16] .... Platz dort? Da gibt es [17] .... kleines Geschäft.

Und da gibt es bestimmt [18] .... Hefte und [19] .... Stifte.

▶ Ah, ich sehe [20] .... Geschäft schon. Danke sehr!

5 Ergänze „nicht“ oder „kein“, „keine“, „keinen“.

▶ Wollen wir Pizza bestellen? Ich nehme eine Pizza Salami. Du auch?

◁ Nein, ich esse [1] .... Fleisch. Ich mag [2] .... Pizza Salami. Ich nehme lieber eine Pizza Hawaii.

▶ Pizza Hawaii ist [3] .... **vegetarisch**. Sie ist mit Schinken.

◁ Echt? Ich möchte [4] .... Schinken. Ich nehme Pizza Hawaii ohne Schinken!

▶ Aber das **schmeckt** [5] .... Das ist [6] .... **lecker** nur mit Ananas!

Akkusativ

Üben II

1 **Markiere wie im Beispiel. Notiere dann: Akkusativ oder Nominativ.**

1. Es gibt in der Schule einen Garten. (Nom / Akk)
2. In der Schule ist ein Garten.
3. Wir haben in der Schule einen Garten.
4. Der Garten in der Schule ist super.
5. Kennst du den Garten in der Schule?

Subjekt → Nominativ
Objekt → Akkusativ

Alle Sätze haben ein Subjekt.
Nicht alle Sätze haben ein Objekt.

2 **Ergänze den bestimmten Artikel „die“, „das“, „der“ oder „den“.**

1. Der Lehrer fragt den Schüler: „Wo sind deine Hausaufgaben?“
2. .... Schüler fragt .... Lehrer: „Welche Hausaufgaben?“
3. .... Schülerinnen und Schüler schreiben .... Text in .... Heft.
4. .... Text ist nicht leicht für .... Jugendlichen.
5. .... Klasse sieht .... Film auf Deutsch.

3 **Ergänze: unbestimmter Artikel „ein-“, Negativartikel „kein-“, oder – (kein Artikel).**

▶ Schreibst du [1] einen Brief?

◁ Nein, das ist [2] k.......... Brief. Das sind [3] .... Hausaufgaben.

▶ Gibt es hier [4] e.......... Park?

◁ Nein, hier gibt es leider [5] k.......... Park.

Aber im Zentrum ist [6] e.......... botanischer Garten.

▶ Was machst du hier? Besuchst du [7] e.......... Freund?

◁ Nein, Jan ist [8] k.......... Freund von mir. Er ist [9] e.......... Freund von meiner Schwester.

Ich hole [10] e.......... Buch für meine Schwester ab.

▶ Sag mal, habt ihr [11] e.......... Schuluniform?

◁ Nein, wir müssen [12] k.......... Schuluniform anziehen. Und ihr?

▶ Wir auch nicht. Schade, ich mag [13] .... Schuluniformen. Ich ziehe immer [14] .... Jeans und [15] e.......... T-Shirt oder [16] e.......... Pullover an. Das ist langweilig.

9 Akkusativ

Üben II

4 Ergänze. Höre und kontrolliere dann.

19

~~einen~~ keinen nicht

▶ Bringst du morgen [1] ...einen... Kuchen mit?

◁ Nein, ich bringe [2] .... Kuchen mit. Ich backe [3] .... gern.

einen der keinen

▶ Wo ist [4] .... Würfel? Ohne [5] .... Würfel können wir nicht spielen. 

◁ Ich sehe auch [6] .... Würfel. Tut mir leid.

der ein ein ein eine einen keine nicht

▶ Das ist [7] .... Geschenk für [8] .... Freund.

◁ Ist es [9] .... Buch?

▶ Nein, [10] .... Freund liest [11] .... gern. Er mag [12] .... Bücher.

Es ist [13] .... Eintrittskarte für [14] .... Konzert.

◁ Toll!

5 Ergänze die Antwort.

1. ◁ Hast du eine Gitarre? Spielst du gut? ▶ Nein, ich habe keine Gitarre. Ich spiele nicht gut.
2. ◁ Ist das ein Geschenk für den Trainer? ▶ Nein, das ist .... für den Trainer.
3. ◁ Siehst du die Lehrerin? ▶ Nein, ich sehe die ....
4. ◁ Isst du Fleisch? ▶ Nein, ich esse ....
5. ◁ Ist die Aufgabe schwer? ▶ Nein, die Aufgabe ist ....
6. ◁ Gibt es in deiner Schule eine Bibliothek? ▶ Nein, wir haben ....

★ 6 Und was gibt es in deiner Schule (nicht)? Schreibe fünf Sätze wie im Beispiel ins Heft.

Schuluniformen Kunstlehrer Kiosk Cafeteria ? Tiere ? Schwimmbad Sportplatz
Bibliothek ? Hausaufgaben Küche ? Schulessen Nachmittagsunterricht Schulgarten

Es gibt einen Kunstlehrer. Es gibt kein ...
Es gib eine ...

Akkusativ

Testen

1 Was ist richtig? Kreuze an.

1. Wir schreiben morgen eine | einen Test.
2. Die Klasse macht ein | einen Ausflug.
3. In der Schule gibt es keinen | keine Kiosk.
4. Ich habe ein | einen Stift.
5. Bringst du der | den Kuchen mit?
6. Frau Blum sieht gern – | eine Filme auf Deutsch.

Punkte: .... / 6

✓ Du kannst jetzt den richtigen Artikel im Akkusativ auswählen!

2 Ergänze.

1. Die Lehrerin schreibt d........... Satz an die Tafel.
2. Oh nein! Ich möchte k........... Test schreiben!
3. Wir haben e........... Lehrerin in Kunst.
4. Backst du d........... Kuchen für Nadja?
5. Habt ihr k........... Schulbibliothek?
6. Kofi liest e........... Buch.

Punkte: .... / 6

✓ Du kannst jetzt Artikel im Akkusativ richtig bilden!

Punkte insgesamt: .... / 12

10 Possessivartikel

Verstehen

1 Lies. Ergänze dann die Tabelle.

▶ Das ist **mein** Zimmer, nicht **dein** Zimmer. Raus, Leo!
◁ Aber Mama sucht **ihren** Schlüssel. Und Papa sucht **sein** Handy.
▶ Hier sind nur **meine** Sachen!
◁ Mama und Papa finden **ihre** Sachen nicht. Ich suche für sie.
▶ Das ist **euer** Problem – ihr nervt! Raus!

Personalpronomen

ich	du	er / es	sie	wir	ihr	Sie/sie

Possessivartikel

mein	....	....	ihr	unser	....	Ihr/ihr

Personalpronomen → S. 58

Possessivartikel stehen vor Nomen und zeigen Besitz oder Zugehörigkeit: Wer hat etwas?
Kims Zimmer → ihr Zimmer   Leos Zimmer → sein Zimmer   du → dein Zimmer
Possessivartikel muss man deklinieren: Achte für die Endung auf Genus und Numerus vom Nomen und den Kasus (Nominativ, Akkusativ) im Satz.

Akk / m / Nom / f

Mama sucht ihren Schlüssel / ihre Tasche. Da ist ihr Schlüssel / ihre Tasche.

2 Deklination: Markiere die Endungen und kreuze an.

	Nominativ Das ist/sind …	Akkusativ Ich suche …
ich	mein Schlüssel / Handy meine Tasche / Sachen	meinen Schlüssel, mein Handy meine Tasche / Sachen
du	dein Schlüssel / Handy deine Tasche / Sachen	deinen Schlüssel, dein Handy deine Tasche / Sachen
er	sein Schlüssel / Handy seine Tasche / Sachen	seinen Schlüssel, sein Handy seine Tasche / Sachen
sie	ihr Schlüssel / Handy ihre Tasche / Sachen	ihren Schlüssel, ihr Handy ihre Tasche / Sachen
wir	unser Schlüssel / Handy unsere Tasche / Sachen	unseren Schlüssel, unser Handy unsere Tasche / Sachen
ihr	euer Schlüssel / Handy ! eure Tasche / Sachen	! euren Schlüssel, euer Handy eure Tasche / Sachen
sie	ihr Schlüssel / Handy ihre Tasche / Sachen	ihren Schlüssel, ihr Handy ihre Tasche / Sachen
Sie	Ihr Schlüssel / Handy Ihre Tasche / Sachen	Ihren Schlüssel, Ihr Handy Ihre Tasche / Sachen

Nominativ und Akkusativ? → S. 48

maskulin: der Schlüssel
neutrum: das Handy
feminin: die Tasche
Plural: die Sachen

euer Buch
eu~~e~~re Freundin
eu~~e~~re Hefte
eu~~e~~ren Freund

Possessivartikel haben Endungen wie ☐ die bestimmten Artikel. ☐ die unbestimmten Artikel.
feminin und Plural: Die Endung (im Nominativ und Akkusativ) ist immer ☐ -e. ☐ -en.
neutrum: ☐ keine Endung ☐ immer Endung -e (im Nominativ und Akkusativ).
maskulin: keine Endung in Nominativ. Im Akkusativ ist die Endung immer ☐ -e. ☐ -en.

Possessivartikel

Üben I

1 **Markiere die Personalpronomen wie im Beispiel. Verbinde dann.**

1. Caro fragt: „Du, Henri, ist das .... a) mein Skateboard.
2. Henri antwortet: „Ich fahre nicht. Das ist nicht .... b) sein Skateboard."
3. Frag Leo. Er fährt viel. Vielleicht ist das ....1.... c) dein Skateboard?"
4. Da kommt Frau Roth. Sie fährt ein neues Auto. Ist das .... d) Ihr Auto?"
5. Lukas sagt: „Tolles Auto! Sagen Sie, Frau Roth, ist das .... e) ihr Auto?
6. Kofi fragt Caro und Lou: „Hattet ihr heute Sport? Sind das .... g) unsere Sachen.
7. Die Mädchen sagen: „Wir hatten kein Sport. Das sind nicht .... h) ihre Sportsachen."
8. Frag Kim und Marie! Sie haben heute Sport. Vielleicht sind es .... i) eure Sportsachen?"

2 **Was ist richtig? Markiere. Höre und kontrolliere dann.**

20 Kofi möchte auf ein Konzert gehen. Aber [1] seine | seinen Eltern möchten das nicht. [2] Sein | Seine Mutter sagt: „Das ist zu spät!" [3] Sein | Seine Vater sagt: „Du bist zu jung!" Kofi sagt: „Aber [4] meine | meinen Freunde gehen auch!" Kofis Vater fragt: „Geht [5] dein | deine Freund Henri auch mit?" Kofis Mutter fragt: „Geht [6] deine | deinen Freundin Kim auch mit?" Kofi antwortet: „[7] Meinen | Mein Freund Henri kommt mit. Aber [8] meine | mein Freundin Kim hat keine Zeit." Kofis Mutter sagt: „Okay, du kannst gehen. Aber ihr nehmt bitte [9] eure | euren Handys mit. Und [10] deine | deinen Freunde brauchen auch [11] unser | unsere Telefonnummer. Können wir auch [12] ihr | ihre Nummer haben? Ist das okay für [13] dein | deine Freunde?"

Auf dem Konzert fragt Kofi [14] sein | seinen Freund Henri: „[15] Meine | Meinen Mutter und [16] mein | meinen Vater möchten [17] dein | deine Nummer haben. Ist das okay?" „Na klar", sagt Henri. „Ich kann auch [18] ihr | ihre Nummer speichern. Schreibe mir einfach [19] ihren | ihr Kontakt."

Possessivartikel

Üben II

1 Nominativ und Akkusativ: Ergänze -en, wo nötig.

1. Warum trinkst du mein...... Kakao?! Dein...... Kakao steht auf dem Tisch!

2. Kim, darf Leo dein...... Rucksack nehmen? Sein...... Rucksack ist kaputt.

3. Caro, Lou, euer...... Tee ist fertig. Trinkt ihr eur...... Tee mit Zucker oder ohne?

4. Frau Blum, ich kenne Ihr...... Mann. Der Zahnarzt Herr Blum ist doch Ihr...... Mann, oder?

2 Ergänze wie im Beispiel. Höre und kontrolliere dann.

21

▶ Ein Glück! [1] Meine Noten sind okay.

◁ Okay? [2] D...... Zeugnis ist super!

▶ Wie sind [3] d...... Noten?

◁ Frag lieber Kofi. [4] S...... Zeugnis ist bestimmt besser.

▶ Herzlichen Glückwunsch! Hier ist [5] d...... Führerschein!

◁ Vielen Dank für [6] I...... Hilfe, Herr Haas.

▶ Gern. Jetzt nimm [7] d...... Führerschein und fahr vorsichtig!

▶ Die Karten sind [8] u...... Geschenk für dich.

◁ Oh toll! Mama, Papa, [9] e...... Geschenke sind am besten!

▶ Wir wissen doch, [10] u...... Tochter liebt Konzerte!

◁ Mach bitte [11] d...... Computer aus! [12] D...... Oma kommt.

▶ Bringt sie [13] i...... Hund mit? Hoffentlich nicht …

◁ Nein, [14] i...... Hund bleibt zu Hause.

★ 3 Wer hat …? Wie ist …? Schreibe wie im Beispiel.

Bruder / Schwester   Eltern   Hund   Haus   Computer   Auto   ????
Freund / Freundin   Oma / Opa   Fahrrad   Zimmer   Rucksack

Ich habe eine Oma. Meine Oma ist sehr nett. Meine Oma hat ein Auto.
Ihr Auto ist rot.

Possessivartikel
Testen

1 Was ist richtig? Markiere.

1. „Papa, wo ist dein | seine Handy?“
2. „Wo sind Kim und Lukas? Seine | Ihre Sportsachen liegen hier.“
3. „Oh nein! Ich habe mein | meinen Schlüssel nicht dabei!“
4. „Henri und Caro? Sind das eure | euer Freunde?“
5. „Herr Özdemir, können Sie uns deine | Ihre Telefonnummer geben?“
6. „Könnt ihr Kim helfen? Sie sucht ihr | Ihr Skateboard.“

Punkte: .... / 6

✓ Du kannst jetzt die richtigen Possessivartikel auswählen!

2 Ergänze die Possessivartikel.

1. Danke für d.................... Einladung! Ich komme gern.
2. Ich freue mich auf die Party! Kann ich m.................... Freund mitbringen?
3. Marie und ich haben ein Geschenk für dich. Aber du bekommst u.................... Geschenk ein bisschen später, okay? Sorry!
4. Anna kommt auch. Sie sagt, i.................... Mutter bringt sie.
5. Macht dein Vater wieder s.................... tolle Pizza? Die ist so lecker!
6. Eure Party wird super! E.................... Garten ist perfekt für Partys.

Punkte: .... / 6

✓ Du kannst jetzt Possessivartikel richtig bilden!

Punkte insgesamt: .... / 12

11 Pronomen

Verstehen

1 Personalpronomen: Lies und ergänze.

Hallo Jungs, wie heißt ihr? Ich kenne euch nicht.

Wir sind Bo und Tavo. Kennst du uns nicht?

Er heißt Bo. Kennst du ihn?

Ja, ich bin Bo. Du kennst mich!

Hey du! Wer bist du? Ich kenne dich nicht.

Das sind meine Eltern. Siehst du sie? Sie heißen Elif und Nils. Rechts ist mein Vater, er ist Lehrer. Links ist meine Mutter, sie ist Malerin.

Guten Tag! Was möchten Sie?

Personalpronomen

Singular Nom	Akk	Plural Nom	Akk
1. Person Sprecher			
ich	mich	wir	....
2. Person Adressat			
du	....	ihr	....
Sie		Sie	
3. Person			
er	....	....	sie
es	es		
sie	sie		

1. Person (Sprecher)**:** Die Person spricht.
„ich" (1 Person), „wir" (ich + andere Person(en))

2. Person (Adressat)**:** Man spricht **mit** dieser Person und sagt:
„du" „ihr" oder „Sie"
„du" ist informell für eine Person (Freund/Familie)
„ihr" ist informell für mehrere Personen
„Sie" ist formell, höflich für fremde Erwachsene (eine/mehrere Personen), Respektspersonen

3. Person: Man spricht **über** die Person oder Sache.
„er" für eine männliche Person/Sache (der Vater, der Tisch)
„sie" für eine weibliche Person/Sache (die Mutter, die Blume)
„es" für eine neutrale Person/Sache (das Kind, das Auto)
„sie" für mehrere Personen/Sachen (die Kinder, die Tische)

Die Verbendung muss zur Person / zum Pronomen passen (konjugieren)
Pronomen sind das Subjekt (Nominativ) oder ein Objekt (Akkusativ) im Satz.

Präsens → S. 8, S. 14
Präteritum → S. 38
Akkusativ → S. 48

2 Pronomen: „man" und „es": Lies und kreuze an.

Wie geht es Tom? Es geht Tom gut.
Was gibt es heute? Es gibt Pizza.
Es regnet und es ist kalt.

Im Deutschunterricht lernt man Deutsch.
In der Schule muss man mitmachen.
Wie lange muss man in deinem Land in die Schule gehen?

☐ *Man* ☐ *Es* ist eine unbestimmte Person oder Sache in Ausdrücken wie „Es gibt …" oder für Wetter.
☐ *Man* ☐ *Es* bedeutet sehr viele oder alle Leute, allgemein. Aber: Verbendung wie 3. Person Singular!

Pronomen
Üben I

1 Was ist richtig? Markiere wie im Beispiel.

Sachen sind maskulin, feminin oder neutrum.
Die Pronomen (im Nominativ) sind: er, sie, es und für Plural sie.

1. Das ist Lukas. Er | Sie ist ein Freund von Kim.
2. Das ist Marie. Er | Sie ist eine Freundin von Kim.
3. Hier steht mein Fahrrad, er | es ist schon alt.
4. Das ist meine Tasche, es | sie ist neu.
5. Wo ist mein Stift? Es | Er ist nicht da.
6. Ich suche meine Sportsachen. Wo sind er | sie ?

2 Ergänze „Sie", „ihr" oder „du".

Hallo Maja!

Wo bist [1] ....?

Was machst [2] ....?

Kommst [3] .... mit ins Kino?

Hi Lukas und Marie!

Da seid [4] .... ja!

Was macht [5] .... jetzt?

Kommt [6] .... mit ins Kino?

Guten Tag, Frau Schulz!

Entschuldigen [7] .... bitte.

Haben [8] .... kurz Zeit?

Ich möchte [9] .... etwas fragen.

Achte auch auf die Verbform!

3 Was ist richtig? Markiere.

[1] Man | Es regnet.
[2] Es | Ich ist kalt.
[3] Es | Man kann nur langsam fahren.

[4] Es | Man ist spät. [5] Ich | Es ist 12 Uhr nachts.
[6] Ich | Man sieht die Sterne.

Tom geht [7] es | er nicht gut.
[8] Er | Man ist krank.
Mit Fieber muss [9] es | man zu Hause bleiben.

11 Pronomen

Üben I

4 Notiere das Pronomen wie im Beispiel.

1. Wir lesen der Schule ein Buch. ~~Das Buch~~ Es ist sehr interessant.
2. Ich kenne den Film. Der Film gefällt mir gut.
3. Kennst du Marie? Marie geht in die 8c.
4. Henri macht Videos. Die Videos sind im Internet.

   Möchtest du die Videos sehen?

5 Ergänze.

~~du~~ du ich ihr wir

Hallo Kim! Was machst [1] du heute?

Lukas und [2] .... gehen ins Kino. [3] .... sehen einen Film. Kommst [4] .... mit?

Welchen Film seht [5] ....?

man man es es

Hey! Wie geht [6] .... dir?

Gut, danke. Aber ich habe [7] .... ein bisschen eilig. Ich gehe zum Taekwondo-Training. Da muss [8] .... pünktlich sein. [9] .... darf nicht zu spät kommen. Ich rufe dich später an.

6 Ergänze. Höre und kontrolliere dann.

> Denke an Nominativ und Akkusativ!
> Subjekt → Nominativ
> Nach Verben wie *sehen, möchten, suchen, finden*: Akkusativ → S. 48

▶ 22

1. Ich suche Kofi. Wo ist er? Ich sehe .... nicht.
2. Ich suche Marie. Wo ist ....? Ich möchte .... einladen.
3. Ich suche mein Deutschbuch. Wo ist ....? Ich finde .... nicht.
4. Kim und Marie! Wo seid ....? Ich suche ....!
5. Kim und ich? .... sind hier. Warum suchst du ....?
6. Herr Demirel! Frau Blum! Wo sind ....? Wir möchten .... etwas fragen!

Pronomen

Üben II

Satzmodell
Subjekt
Akkusativobjekt

1 **Ergänze Pronomen wie im Beispiel.**

1. Kim fragt Kofi. — Sie fragt ihn im Unterricht.
2. Kofi erklärt die Aufgaben. — .... erklärt .... gut.
3. Die Lehrerin wiederholt das Wort. — .... wiederholt .... laut.
4. Henri kreuzt die Lösung an. — .... kreuzt .... richtig an.
5. Lukas versteht den Text. — .... versteht .... ohne Probleme.
6. Marie braucht eine gute Note. — .... braucht .... in Mathe.
7. Die Jugendlichen bekommen Zeugnisse. — .... bekommen .... in der dritten Stunde.
8. Kims Vater unterschreibt das Zeugnis. — .... unterschreibt .... am Nachmittag.

2 **Ergänze.**

es es man Sie

▶ Frau Blum, können [1] .... bitte helfen? Heißt [2] .... *am* oder *in Nachmittag*?

◁ [3] .... sagt: *am Nachmittag*. So ist [4] .... richtig.

du es euch ich ihn mich wir

▶ Mama, kannst [5] .... Tim und [6] .... heute von der Schule abholen?

[7] .... haben heute bis 15 Uhr Schule.

◁ [8] .... tut mir leid, aber [9] .... arbeite heute. Vielleicht kann Papa [10] ....

abholen. Frag [11] ...., er ist in der Küche.

ihr mich wir sie wir Sie

▶ Frau Blum, können [12] .... etwas fragen?

◁ Natürlich. Was möchtet [13] .... fragen?

▶ Die Aufgaben sind schwer. Können [14] .... zusammen machen?

11 Pronomen

Üben II

3 Ergänze wie im Beispiel. Höre und kontrolliere dann.

23
1. Marie verkauft ihr Fahrrad. Sie ...... braucht es ...... nicht mehr.
2. Henri hat neue Schuhe. ...... zieht ...... an.
3. Kofi kauft ein Buch. ...... bezahlt ...... an der Kasse.
4. Caro und Lou planen einen Ausflug. ...... wollen ...... am Samstag machen.
5. Lukas und Tim möchten ihre Freunde treffen. ...... laden ...... ein.
6. Herr Özdemir erklärt einen Satz. ...... schreibt ...... an die Tafel.
7. Das Kaninchen bekommt eine Karotte. ...... frisst ...... sofort.
8. Micha und ich backen einen Kuchen. ...... bringen ...... in die Schule mit.

4 Ergänze Pronomen. Die Markierungen helfen.

für + Akk

▶ Mathe bei Herrn Demirel ist schwer. [1] Man ...... muss viel lernen.
◁ Ich habe keine Probleme. Für [2] ...... ist Mathe nicht schwer.

▶ [3] ...... ist kalt heute.
◁ Ja – und [4] ...... regnet. [5] ...... kann nicht in den Park gehen und bleibt besser zu Hause.
▶ Doch! [6] ...... können in den Park gehen. [7] ...... hast einen Regenschirm und [8] ...... ziehe meinen Regenmantel und meine Gummistiefel an!

▶ Wie geht es [9] ......? Sucht ihr etwas? Kann ich helfen?
◁ Ja, bitte. [10] ...... suchen den Bio-Raum. Wir finden [11] ...... nicht.
▶ [12] ...... ist im 3. Stock. Geht die Treppe hoch. [13] ...... seht den Raum links.

✶ 5 Und du? Lies die Fragen. Schreibe die Antworten in dein Heft.

Wie heißt deine beste Freundin/deinen besten Freund?
Wie lange kennst du deine beste Freundin/deinen besten Freund?
Wie ist das Wetter heute? Regnet es?
Was kann man in der Pause machen?

Sie / Er heißt ...
Ich kenne ...

Pronomen
Testen

1 Was ist richtig? Markiere.

1. Ich habe einen Bruder. Er | Man heißt Leo.
2. Es | Man regnet heute.
3. Für eine gute Note muss wir | man viel lernen.
4. Mein Bruder wohnt in Berlin. Ich sehe ihn | er nicht oft.
5. „Frau Blum, wo sind sie | Sie?"
6. „Kim und Lukas! Ich lade euch | dich zu meinem Geburtstag ein."

Punkte: .... / 6

✓ Du kannst jetzt die richtigen Pronomen auswählen!

2 Ergänze die Pronomen.

1. „Marie, kann ich .... etwas fragen?"
2. Kim weiß die Lösung. Sie kreuzt .... an.
3. „Warum ist .... heute so kalt?"
4. Kofi und Kim, danke für eure Hilfe! Der Kuchen hier ist für ....
5. Caro hat einen neuen Rucksack. Sie nimmt .... in die Schule mit.
6. „Kannst du helfen? Wie macht .... das?"

Punkte: .... / 6

✓ Du kannst jetzt die richtigen Pronomen ergänzen!

Punkte insgesamt: .... / 12

12 Adjektiv und Adverb

Verstehen

1 Lies die Dialoge und markiere die Adjektive. Ergänze dann die Regel.

A

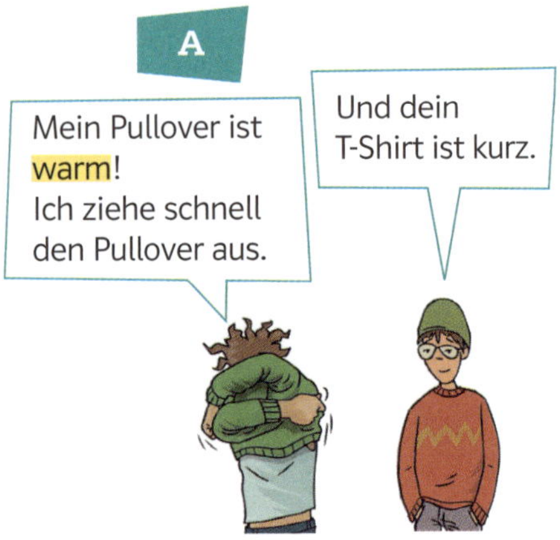

B

C

Ein Adjektiv beschreibt ein Nomen (eine Person oder eine Sache) → *sein* + Adjektiv:

Kim ist [1] krank. **Ben und Sofia** sind auch [2] ....

Mein Pullover ist [3] ....

Ein Adjektiv beschreibt ein Verb (= Adverb):

Wie **singt** Henri? – Henri **singt** [4] ....

Wie spielt Henri Gitarre? – Henri **spielt** [5] .... Gitarre.

Lacht Abdul leise? – Nein, Abdul **lacht** [6] ....

Verb + Adjektiv: Das Adjektiv hat keine Endung (Grundform).

sein → S. 20

Komparativ, Superlativ → S. 68

2 Positionen im Satz: Lies die Sätze. Kreuze dann an.

Kim	ist	heute	krank.
In der Schule	sind	die Stühle nicht	gemütlich.
Ist	Kim	heute	krank?
Henri	singt	gut.	
Wir	gehen	heute schnell nach Hause.	
Jan	zieht	schnell den Pullover	aus.
Marie	kann	sehr gut Fußball	spielen.
Kannst	du	gut Fußball	spielen?

In Sätze mit dem Verb ☐ *sein* ☐ *haben* steht das Adjektiv am Satzende.
Mit anderen Verben (zum Beispiel *singen, gehen, ziehen* …) steht das Adjektiv in Aussagesätzen ☐ vor ☐ hinter dem konjugierten Verb.
Vor dem Adjektiv können Ausdrücke wie z.B. *sehr* oder eine Zeitangabe (*jetzt, heute*, …) stehen.

Adjektiv und Adverb

Üben I

1 Markiere und notiere 13 Adjektive.

Du kennst ein Wort nicht?
→ www.pons.com hilft!

sein Heft offen
morgen Lehrer
klein wichtig
lernen traurig
Papier groß
richtig Tafel
jetzt toll
kaputt dunkel
freundlich Klasse schwer heute
Freundin leer
lachen sprechen
verrückt

wichtig, ...

....

....

....

2 Was ist richtig? Kreuze an.

1. Das Klassenzimmer ☐ ist hell. ☐ ist dunkel.
2. Die Tische ☐ ist weiß. ☐ sind braun.
3. Ein Heft ☐ ist offen. ☐ sind rot.
4. Die Wasserflasche ☐ sind leer. ☐ ist blau.
5. Die Kinder ☐ sind jung. ☐ ist traurig.
6. Emilios Haare ☐ ist blau. ☐ sind schwarz.
7. Emilio ☐ ist gut ☐ sind freundlich in Deutsch.
8. Aber die Aufgabe ☐ ist schwer. ☐ leer.

3 Welches Adjektiv passt? Markiere. Höre und kontrolliere dann.

▶ 24

1. Meine Lehrerin Frau Blum spricht sehr teuer | lecker | leise.
2. Meine Freundin tanzt dünn | gut | rot. Kannst du auch freundlich | offen | gut tanzen?
3. Mein Bruder kommt nie alt | grün | pünktlich. Er kommt immer zu richtig | spät | schwer .
4. Mein Hund läuft dünn | schnell | langweilig. Er ist noch sehr jung | kurz | groß .
5. Omas Kuchen schmeckt wunderbar | warm | dick .

12 Adjektiv und Adverb

Üben II

1 Ergänze. Höre und kontrolliere dann.

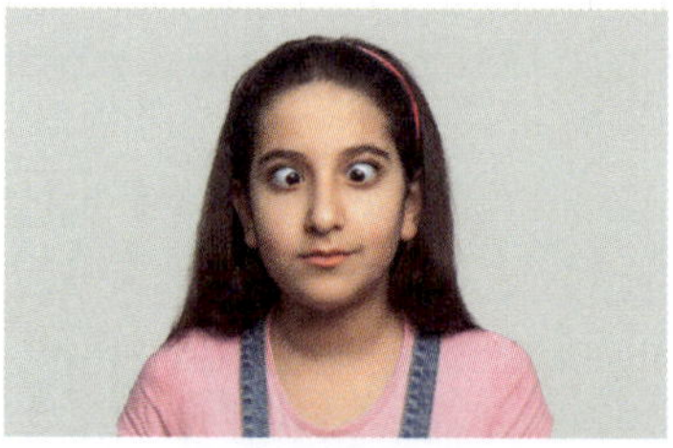

25

- ▶ Sind deine Augen [1] bla_u? ◁ Nein, sie sind [2] br_ _n.
- ▶ Sind deine Schuhe [3] n_ _? ◁ Nein, sie sind [4] _lt.
- ▶ Ist dein Zimmer [5] gr_ß? ◁ Nein, es ist [6] kl_ _n.
- ▶ Sind die Hausaufgaben [7] l_ _cht? ◁ Nein, sie sind [8] schw_r.
- ▶ Ist dein Tee [9] w_rm? ◁ Nein, mein Tee ist [10] k_lt.

2 Ergänze.

1. Die Pizza schmeckt lecker. Sie ist warm. [warm | lecker]
2. Das Auto ist .... und es fährt .... [schwarz | schnell]
3. Der Junge ist .... Er lacht .... [laut | glücklich]
4. Die Schülerinnen sprechen .... Sie sind mit den Aufgaben .... [leise | fertig]

3 Schreibe die Sätze richtig.

Adjektiv beschreibt Nomen:
Adjektiv am Satzende

Adjektiv beschreibt Verb:
Adjektiv oft direkt nach Verb

1. sind | Meine Freunde | lustig | .
   Meine Freunde sind lustig.
2. Kims Haare | rot | sind | .
   ....
3. gesund | du | bist | ?
   .... wieder ....
4. deine Lehrer | nett | sind | ?
   ....
5. erklären | kann | gut | Frau Blum | .
   .... die Grammatik ....

✶ 4 Wie ist/sind ...? Wer macht das wie? Schreibe 10 Sätze ins Heft.

Wie ist dein Freund / deine Freundin?
Wie sind deine Eltern / Lehrerinnen/ Lehrer?

laut/leise sprechen | schnell/langsam laufen | (nicht) pünktlich sein

Meine Freundin ist ...
Meine Eltern sind ...
Tarik läuft schnell.

Adjektiv und Adverb

Testen

1 Markiere alle Adjektive und Adverbien.

Das sind meine Freunde! Sie sind toll! Daria und ich gehen in die Klasse 8b.

Daria ist sehr freundlich und sie kommt immer pünktlich in die Schule.

Und das ist Tarik. Er läuft sehr schnell und er ist manchmal ein bisschen verrückt.

Meine Freundin Marlene ist klein und sie lacht immer sehr laut.

Mit Marlene ist es immer lustig.

Punkte: .... / 8

✓ Du kannst jetzt Adjektive und Adverbien erkennen!

2 Ergänze.

klein ist   gut schmeckt   freundlich sind   unpünktlich ist

1. Mein Bruder ist erst 4 Jahre. Er .... noch ....
2. Meine Eltern .... immer ....
3. Meine Schwester .... oft .... Sie kommt zu spät.
4. .... deine Pizza .... ? Oder schmeckt sie schlecht?

Punkte: .... / 4

✓ Du kannst jetzt Sätze mit Adjektiven und Adverbien richtig bilden!

Punkte insgesamt: .... / 12

13 Komparativ und Superlativ

Verstehen

1 Vergleichen: Lies und ergänze die Sätze.

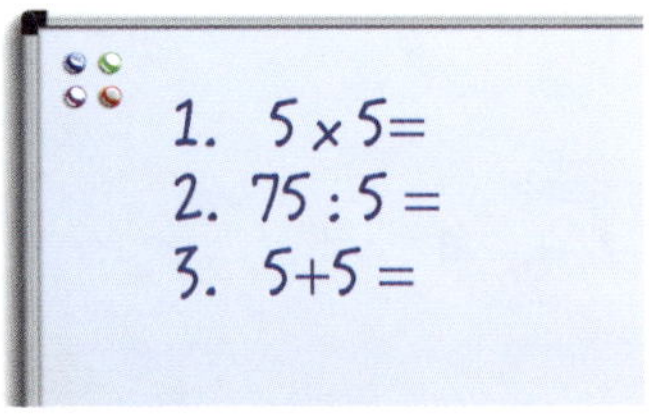

Aufgabe [1] ...2... ist **einfach**.

Aufgabe [2] .... ist **einfacher**.

Aufgabe [3] ...3... ist **am einfachsten**.

[4] Jannis........ ist nicht so **gut** in Bio.

[5] .... ist **besser** in Bio.

[6] .... ist **am besten** in Bio.

	Montag	Dienstag
1.	Geschichte 👍	Deutsch
2.	Sport 👍👍👍	Deutsch
3.	Sport	Französisch
4.	Englisch 👍👍	Französisch
5.	Mathe	Informatik

Ich mag [7] Geschichte.......... **gern**.

Aber [8] .... mag ich **lieber**.

[9] .... mag ich **am liebsten**.

Mit Adjektiven (und Adverbien wie z. B. *gern*) kann man vergleichen (Komparation) oder steigern. Es gibt drei Formen:

Grundform	Komparativ	Superlativ
einfach	einfach**er**	**am** einfach**sten**

Die Grundform hat keine Endung: *einfach, gut, gern*
Komparativ und Superlativ musst du ändern.

Adjektive und Adverb → S. 64

unregelmäßige Formen Komparativ und Superlativ und Vergleichssätze → A2

2 Formen: Ordne zu und markiere die Endungen.

~~einfach~~ einfach kleinsten liebsten schön besser

Grundform	Komparativ: -er	Superlativ: am ...-sten
einfach	einfacher	am ....sten
....	schöner	am schönsten
klein	kleiner	am ....
gut	!	! am besten
gern	! lieber	! am ....

! die Formen von *gut* und *gern* sind anders: auswendig lernen!

Auch regelmäßig sind: *lustig, hell, billig, gemütlich, leise, langsam, ruhig, schnell, schwer, modern, …*
Manche Adjektive kann man nicht steigern, zum Beispiel: *super, richtig, falsch, verboten, …*

Komparativ und Superlativ

Üben I

1 **Was ist richtig? Kreuze an.**

Fony 2 JT 13

1. Das T-Shirt ☐ in schwarz ☐ in weiß ist billiger.

2. Das ☐ Fony 2 ☒ JT 13 ist moderner.

3. Der ☐ Fußball ☐ Tennisball ist kleiner.

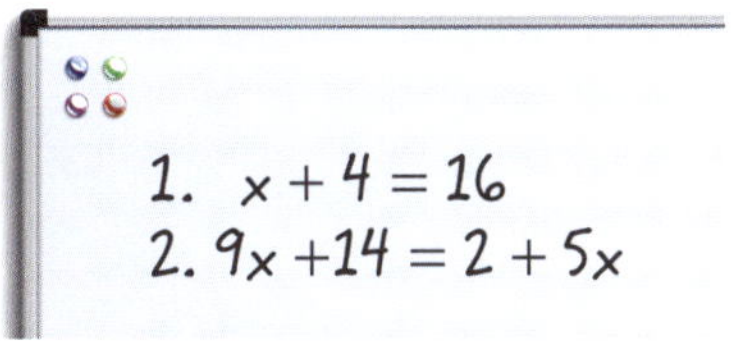

4. Aufgabe ☐ 1 ☐ 2 ist schwerer.

5. ☐ Das Pferd ☐ Der Hamster ist langsamer.

2 **Ergänze die Formen.**

Grundform	Komparativ: -er	Superlativ: am …-sten
1. leise	....	am leisesten
2.	lustiger	am lustigsten
3.	cooler	am ....
4. wichtig	....	am wichtigsten
5.	leckerer	....
6.	! besser	! ....
7.	!	! am liebsten

3 **Was ist richtig? Markiere. Höre und kontrolliere dann.**

26

◁ Ich finde Physik [1] langweilig | langweiliger. Und du? — Physik 👎, Bio 👎👎
▶ Ja, aber Bio ist [2] langweilig | langweiliger.

◁ Findest du Frau Roth [3] gut | besser? — Frau Roth 👍
▶ Ja, aber Frau Blum ist [4] gut | besser. — Frau Blum 👍👍
Und Herr Demirel ist [5] besser | am besten! Er ist so cool! — Herr Demirel 👍👍👍

◁ Ist dein Stuhl [6] gemütlich | am gemütlichsten? — Stuhl 👍
▶ Ja, aber ich glaube, dein Sessel ist [7] gemütlich | gemütlicher. — Sessel 👍👍

◁ Welches Fach findest du [8] einfacher | am einfachsten? — Kunst 👍👍👍
Sport, Kunst oder Musik?
▶ Kunst!

13 Komparativ und Superlativ

Üben II

1 Ergänze im Komparativ.

◁ Wer ist [1] kleiner du oder ich? ▶ Du bist ...., glaube ich. [klein]

◁ Was ist [2] ....: Schule oder Sport? ▶ Sport ist ....! [wichtig]

◁ Wer kann [3] .... laufen, Lukas oder Henri? ▶ Das weiß ich nicht. [schnell]

◁ Was findest du [4] ....: Pizza oder Salat? ▶ Pizza, natürlich. [lecker]

◁ Wer singt [5] ....: Kim oder Marie? ▶ Ich finde, Marie singt .... [gut]

◁ Magst du Schule oder Ferien [6] ....? ▶ Ferien mag ich ...., ist doch klar! [gern]

2 Ergänze im Superlativ.

◁ Welche P-Pop-Gruppe findest du [1] am coolsten? ▶ .... ist SB19! [cool]

◁ Welcher Rapper rappt [2] .... ▶ Das ist bestimmt Eminem. [schnell]

◁ Welche Schauspielerin magst du [3] ....? ▶ Bella Ramsey! [gern]

◁ Welche Serie findest du [4] ....? ▶ Die Simpsons! [langweilig]

◁ Welches Lied findest du [5] ....? ▶ Alle Lieder von Zoe Wees. [schön]

◁ Welchen Fußballer findest du [6] ....? ▶ Jamal Musiala! [gut]

3 Ergänze. Höre und kontrolliere dann.

27

besser am schwersten kleiner am besten am kleinsten schwerer

◁ Wer ist [1] ....? Kim oder Henri? ▶ Henri.

◁ Und wer ist [2] ....? ▶ Herr Demirel.

schwer: Kim (53kg), Henri (63kg), Herr Demirel (85kg)

◁ Wer kann [3] .... malen? ▶ Lukas!

◁ Und wer malt [4] ....? Henri oder Lars? ▶ Lars.

gut malen: Lars 👍👍, Lukas 👍👍👍, Henri 👍

▶ Wer ist [5] ....? Kim oder Jenny? ◁ Kim.

▶ Und wer ist [6] ....? ◁ Marie.

klein: Kim (1,64 m), Marie (1,63 m), Jenny (1,66 m)

✶ **4 Und du? Wähle fünf Adjektive und schreibe fünf Fragen und Antworten wie in Aufgabe 1, 2 und 3 ins Heft.**

cool gern gut einfach langweilig schwer klein schön

1. Wer ist am coolsten? Pedro oder Ken? Pedro ist ...
2. Wer kann besser kochen? Mama oder Papa?

Komparativ und Superlativ
Testen

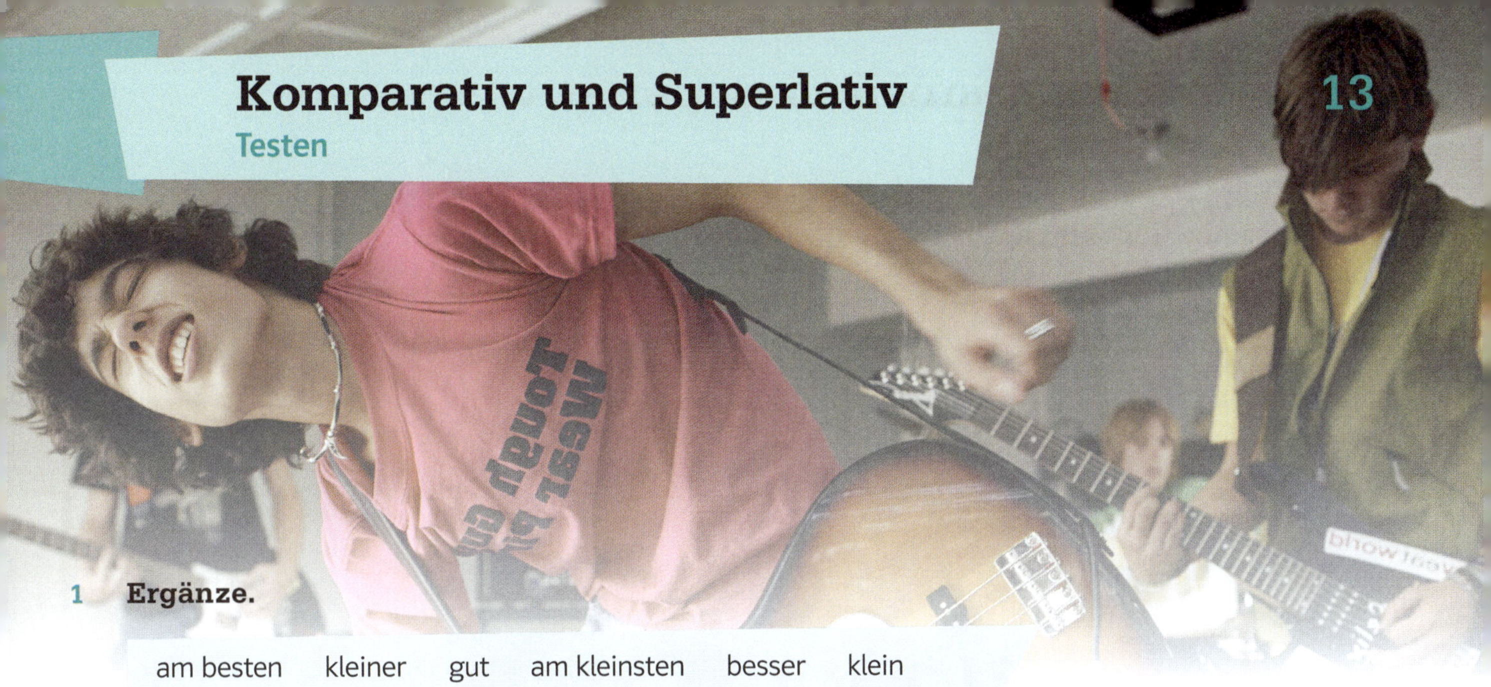

1 Ergänze.

am besten kleiner gut am kleinsten besser klein

Adam: 1,69 m
Mara: 1,54 m
Jannis: 1,60 m

1. Adam ist ....
2. Jannis ist ....
3. Mara ist ....

Lukas 👍👍
Abdul 👍
Henri 👍👍👍

4. Abdul spielt .... Gitarre.
5. Lukas spielt .... Gitarre.
6. Aber Henri spielt .... Gitarre.

Punkte: .... / 6

✓ Du kannst jetzt Komparation verstehen!

2 Ergänze in der richtigen Form.

gern:
Salat 👍
Burger 👍👍
Pizza 👍👍👍

▶ Isst du [1] .... Salat?

◁ Ja, aber Burger esse ich [2] ....

Pizza esse ich [3] ....! Lecker!

cool:
Herr Demirel 👍
Frau Blum 👍👍
Kunstlehrerin 👍👍👍

▶ Welchen Lehrer findest du [4] ....? Herrn Demirel?

◁ Ja! Aber Frau Blum ist [5] .... Und die neue

Kunstlehrerin ist [6] ....!

Punkte: .... / 6

✓ Du kannst jetzt Komparativ und Superlativ richtig bilden.

Punkte insgesamt: .... / 12

14 Präpositionen
Verstehen

1 **Welches Bild passt zu welchem Satz? Ordne zu. Ergänze dann die Regel.**

A

B

Stunde	Montag	Dienstag
1. 7:55-8:40	Bio	Sport
2. 8:45-9:30	Kunst	Sport
3. 9:45-10:30	Mathe	Deutsch
4. 10:35-11:20	Mathe	Deutsch

C

D

E

1. Der Wecker klingelt **um** 7 Uhr. Lukas steht auf. Er muss **zur** Schule gehen. → Bild C
2. Kim fährt **mit** dem Fahrrad **zu** ihrer Schule. Marie läuft **zu** Fuß. Marie spricht **mit** Kim. → Bild ___
3. **Am** Montag hat die Klasse Mathe **bei** Herrn Demirel. Bio ist **in** der ersten Stunde **bei** Frau Nolte. **Von** 9:30 **bis** 9:45 Uhr ist Pause. → Bild ___
4. Frau Nolte ist neu **in** der Schule. Sie unterrichtet Bio **in** der Klasse 7a. Frau Nolte kommt **aus** Berlin und wohnt jetzt **in** Frankfurt. → Bild ___
5. Caro kommt **um** zehn **nach** eins **aus** der Schule. Sie geht **mit** ihrem Bruder Jonas **nach** Hause. **Am** Nachmittag ist Caro **zu** Hause. Sie sieht einen Film **mit** Jonas. → Bild ___

Präpositionen sind zum Beispiel: *am, aus, bei, bis, in, mit, nach, um, von, zu.*

Man braucht Präpositionen für

Zeitangaben: .... 6 Uhr, von 10 .... 12 Uhr, ... zehn .... eins, ... Montag, ... Nachmittag, in der Nacht

Ortsangaben (Wo? •): .... der Klasse, ... Frankfurt, ... Hause, bei Frau Nolte

Richtungsangaben (Wohin? • →): .... Schule, zu Kim, zum Arzt, ... Hause

(Woher? ← •): .... Berlin/dem Kino, von Kim, vom Arzt/Frisör

Mit manchen Verben: sprechen, spielen, laufen .... + Person/Sache, ... dem Bus/Fahrrad fahren, ... Fuß laufen

Präpositionen → A2

Präpositionen

Üben I

1 **Welche Antworten passen zu den Fragen? Markiere und ergänze dann die Präposition.**

Frage: Woher kommst du?

Antwort: ....

Frage: Wo wohnst du?

Antwort: ....

1. Aus den USA.
2. Aus der Ukraine.
3. Aus Spanien.
4. Aus der Schweiz, aus Zürich.
5. In Madrid.
6. In Berlin, das ist in Deutschland.
7. In Frankreich, in Paris.
8. In der Türkei

2 **Was ist richtig? Markiere wie im Beispiel.**

1. Marie ist bei | mit Kim.
2. Kofi ist in | zu Hause.
3. Caro kommt heute spät aus | nach der Schule.
4. Ben ist krank. Er muss heute bei | zum Arzt gehen.
5. Kim und Lukas sind heute Nachmittag im | zum Kino.

3 **Ergänze: „mit“ oder „zu“.**

1. Marie fährt .... dem Bus zur Schule.
2. Henri läuft .... Fuß.
3. Caro spricht .... Tim und Cem.
4. Ich laufe .... meiner Freundin zum Training.
5. Nach der Schule geht Kim .... Lukas.
6. Lars ist schon .... Hause.

4 **Ergänze. Höre und kontrolliere dann.**

Am Satzanfang schreibt man groß.

▷ 28

~~am~~ am am am an in in
um um um … nach von … bis

Heute ist Mittwoch. [1] ..Am..... Mittwoch haben wir [2] .... der 4. Stunde Mathe. Ich mag Mathe. Herr Demirel kann gut erklären. [3] .... 9:30 Uhr ist Pause, leider nur 10 Minuten. [4] .... 9:40 Uhr .... 10:55 Uhr haben wir Kunst bei Frau Roth. Ich bin nicht so gut in Kunst. [5] .... Viertel .... eins endet die Schule. [6] .... Wochenende haben wir keine Schule. [7] .... Nachmittag mache ich Hausaufgaben. Manchmal lerne ich auch [8] .... Abend. Aber [9] .... der Nacht lerne ich nicht. Da schlafe ich lieber. [10] .... welchen Tagen habt ihr Mathe und Kunst? [11] .... wie viel Uhr endet bei euch die Schule?

14 Präpositionen

Üben II

1 Was ist richtig? Kreuze an.

1. Marie holt ihre Tante ab. Sie geht ☐ nach dem ☒ zum Bahnhof.
2. Der Film ist zu Ende. Kim und Lukas kommen ☐ aus ☐ bei dem Kino.
3. Dann gehen sie ☐ zu ☐ bei Marie.
4. Malte kocht Essen ☐ bei ☐ in seiner Oma.
5. Abdul kauft ☐ im ☐ zum Supermarkt Eier und Milch.
6. Lars ist krank. Er kommt ☐ vom ☐ aus dem Arzt und geht ☐ nach ☐ zum Hause.

2 Ergänze. Höre und kontrolliere dann.

29

zu am zum vor ~~in~~ um um mit

Wo?
bei + Person
in + Ort

Wohin?
zu + Person / Ort

Achtung:
Wo? *zu Hause*
Wohin? *nach Hause*

▶ Warum ist Finn heute nicht [1] in der Schule?

◁ Er ist krank. Er ist [2] .... Hause und er geht morgen [3] .... Arzt.

▶ Ach so. Willst du später [4] .... Henri und mir Basketball spielen?

◁ Ja! [5] .... wie viel Uhr?

▶ [6] .... Nachmittag. So [7] .... Viertel [8] .... drei. 14:45

aus bei in in in

▶ Hallo, ich bin Yuki. Ich komme [9] .... Japan und wohne jetzt [10] .... München.

◁ Hallo Yuki. [11] .... welche Klasse gehst du?

▶ [12] .... die 7a [13] .... Frau Roth.

am bei aus mit am zu am

▶ Hallo Lina, bist du schon [14] .... Hause?

◁ Nein, ich komme gerade [15] .... der Schule. [16] .... Mittwoch habe ich immer Theater-AG.

▶ Ah! Stimmt. Willst du [17] .... Samstag [18] .... mir und Ben ins Kino gehen?

◁ Tut mir leid. [19] .... Wochenende muss ich [20] .... den Nachbarn babysitten.

★ 3 Schreibe die Fragen mit der richtigen Präposition ins Heft. Schreibe dann deine Antworten.

1. Was machst du … Mittwoch … 16 Uhr?
2. … wem gehst du zur Schule?
3. Fährst du … dem Fahrrad zur Schule?
4. … wie viel Uhr hast du Pause?
5. … welche Klasse gehst du?

Präpositionen
Testen

1 Was ist richtig? Markiere.

◁ Hallo, wir sind Marek und Adam. Wir kommen [1] von | aus Polen.

▶ Wohnt ihr hier [2] in | aus Berlin?

◁ Ja. Da ist unser Haus.

▶ Ah! Ich spiele [3] mit | am Freunden Fußball. Habt ihr auch Lust?

◁ Ja! Wann spielt ihr?

▶ [4] Von | Am Mittwoch [5] um | bis 17 Uhr im Park.

◁ Okay, wir spielen mit!

Punkte: .... / 5

✓ Du kannst jetzt die richtigen Präpositionen erkennen!

2 Ergänze.

zu um am in

Hi Ben, bist du [1] .... Hause? Hast du Zeit?

Nein, ich bin noch [2] .... der Schule. [3] .... Donnerstag habe ich immer Training. Aber morgen habe ich Zeit. Wollen wir morgen [4] .... 15 Uhr ins Schwimmbad gehen?

Okay. Bis morgen.

zum zu mit

Hi, meine Mutter fährt [5] .... dem Auto zur Schule. Willst du mitfahren?

Danke, aber ich gehe [6] .... Fuß. Gehen wir in der Pause [7] .... Sportplatz?

Klar!

Punkte: .... / 7

✓ Du kannst jetzt Präpositionen ergänzen!

Punkte insgesamt: .... / 12

15 Aussagesatz, W-Frage, Ja/Nein-Frage

Verstehen

1 Aussagesatz und W-Frage: Markiere Fragewörter mit „W“ und die Verben wie im Beispiel.

Hey! Was machst du?

Ich höre Musik. Wo bist du?

Ich bin im Park. Wir spielen Fußball.

2 Positionen im Satz: Lies die Sätze und ergänze die Regel.

W-Frage		
1	2	
Was	machst	du?
Wo	bist	du?

Aussagesatz		
1	2	
Ich	höre	Musik.
Ich	bin	im Park.

Verben haben eine feste Position im Satz. **Aussagesätze und W-Fragen**: Verb auf Position [1] ..2.. .
Fragewörter mit „W“ auf Position [2] .... Fragewörter sind zum Beispiel: *wer, wie, wann, woher, welche,* [3] .... oder [4] .... Am Ende von einem Aussagesatz steht ein Punkt: .
Am Ende von einer Frage steht ein Fragezeichen: [5] ....

3 Ja/Nein-Frage: Lies den Chat. Markiere die Verben.

Kommst du noch?

Ja. Sind Ben und Karim auch da?

Nein.

Haben sie keine Zeit? Kommen sie nicht?

Doch. Sie kommen später.

4 Positionen im Satz: Ergänze die Verben und kreuze an.

Ja/Nein-Frage		Antwort
....	du noch?	Ja.
....	Ben und Karim auch da?	Nein.
....	sie **keine** Zeit?	Doch.

Ja/Nein-Fragen: Verb auf Position ☐ 1. ☐ 2.
In der Ja/Nein-Frage ist *nicht* oder *kein/keine* und die Antwort ist : Antworte ☐ *Doch.* ☐ *Ja.*

8+9

Aussagesatz, W-Frage, Ja/Nein-Frage

Üben I

1 Aussagesatz oder Frage? Ergänze „." oder „?". Höre und kontrolliere dann.

▶ 30

1. Woher kommst du?
2. Wohnt ihr in Berlin....
3. Ich komme aus Polen und wohne in Leipzig....
4. Was machst du später....
5. Wir spielen später Basketball.... Willst du mitspielen....
6. Wann spielt ihr.... Ich habe am Nachmittag Zeit....

Satzeichen
Aussagesatz: .
Stimme am Satzende: ↘

Frage: ?
Stimme Ja/Nein-Frage: ↗
Stimme W-Frage: ↘ oder ↗

2 Was passt? Markiere die Verben wie im Beispiel und ordne zu.

1. Hast du heute Zeit?
2. Wir spielen Fußball.
3. Wann kommst du?
4. Spielt ihr nicht gern Fußball?
5. Wo spielt ihr Fußball?
6. Geht ihr zum Fußballplatz?
7. Ich komme später.

Aussagesatz: ....

W-Frage: ....

Ja/Nein-Frage: 1, ...

3 Was ist richtig? Lies und kreuze an.

1. ☒ Wie heißt du?
   ☐ Wie du heißt?
2. ☐ Heiße ich Toni.
   ☐ Ich heiße Toni.
3. ☐ Du hörst gern Musik?
   ☐ Hörst du gern Musik?
4. ☐ Wir fahren gern Fahrrad.
   ☐ Fahren wir gern Fahrrad.
5. ☐ Hast du keine Zeit?
   ☐ Du hast keine Zeit?

W-Fragen und Aussagen:
Verb auf Position 2

15 Aussagesatz, W-Frage, Ja/Nein-Frage

Üben I

4 Was ist richtig? Markiere.

1. ◁ Wer | Was ist das? ▶ Das ist Nora, meine Schwester.
2. ◁ Wo | Wer bist du? ▶ Ich bin zu Hause.
3. ◁ Wie | Was macht ihr? ▶ Wir hören Musik und chillen.
4. ◁ Wo | Wann kommt Lisa? ▶ Sie kommt um zehn Uhr.
5. ◁ Woher | Wo wohnst du? ▶ In der Baumstraße 5.

5 Markiere wie im Beispiel. Schreibe dann die Fragen und Aussagen ins Satzmodell.

WIEHEIẞTDEINESCHWESTER|ICHSCHWIMMEGERNMACHSTDUGERNSPORT
WOISTLISAGEHTIHRZUMFUẞBALLPLATZMEINESCHWESTERHEIẞTDIANA

Satzmodell
Subjekt
Verb

Denke an die Satzzeichen: . ?

W-Frage

1 2

Wie heißt deine Schwester ?

....

Aussagesatz

....

....

Ja/Nein-Frage

Machst du gern Sport ?

....

6 Was ist richtig? Markiere. Höre und kontrolliere dann.

▷ 31

1. Spielt ihr gern Tennis? 👍 Ja. | Nein. | Doch. Sehr gern!
2. Hörst du keine Musik? 👍 Ja. | Nein. | Doch. Meine Lieblingsmusik ist Pop.
3. Geht ihr heute ins Kino? 👎 Ja. | Nein. | Doch. Ben hat heute Training.
4. Bist du nicht in der Schule? 👍 Ja. | Nein. | Doch. Wir haben gerade Pause.
5. Hast du keinen Bruder? 👍 Ja. | Nein. | Doch. Er heißt Ruben.
6. Ist das ein Basketball? 👎 Ja. | Nein. | Doch. Das ist ein Volleyball.

Aussagesatz, W-Frage, Ja/Nein-Frage

Üben II

1 Ergänze.

er was ~~das~~ hat ja wer doch kommt

Am Satzanfang schreibt man groß!

1. ◁ .... ist das? ► Das .... ist Felix.
2. ◁ .... er auch aus Deutschland? ► ...., er kommt aus München.
3. ◁ .... ist sein Hobby? ► .... spielt gern Basketball.
4. ◁ .... er keine Geschwister? ► ....! Das ist seine Schwester Mia.

2 Ergänze die Fragewörter.

1. ◁ Wie .... heißt ihr? ► Ich heiße Toni und das ist Lucia.
2. ◁ .... kommt ihr? ► Wir kommen aus Deutschland.
3. ◁ .... geht es euch? ► Sehr gut. Danke.
4. ◁ .... sind eure Hobbys? ► Wir spielen Fußball und tanzen gern.
5. ◁ .... Sprachen sprecht ihr? ► Wir sprechen Deutsch, Englisch und Spanisch.

3 Ergänze „ja", „nein" oder „doch". Höre und kontrolliere dann.

▷ 32

1. ◁ Spielst du nicht gern Frisbee?
   ► Doch ....., ich spiele sehr gern Frisbee.
2. ◁ Hast du eine Schwester?
   ► ...., ich habe keine Schwester.
3. ◁ Geht ihr heute auch in den Park?
   ► ...., wir gehen um 16 Uhr.
4. ◁ Kommt ihr nicht mit ins Schwimmbad?
   ► ...., wir kommen mit!
5. ◁ Sprichst du kein Französisch?
   ► ...., leider nicht. Aber ich spreche Italienisch.

15 Aussagesatz, W-Frage, Ja/Nein-Frage

Üben II

4 Schreibe die Sätze richtig. Höre und kontrolliere dann.

33

1. ist | das | Wer | ?

   Wer ist das?

2. mein Hund Lulu | Das | ist | .

   ……………………………………

3. Lulu | gern | Was | macht | ?

   ……………………………………

4. im Park | Sie | gern | spielt | .

   ……………………………………

5. ist | Wie alt | Lulu | ?

   ……………………………………

6. ist | Sie | erst 2 Jahre | alt | .

   ……………………………………

5 Schreibe die Ja/Nein-Fragen und ergänze in der Antwort: „ja", „nein" oder „doch".

1. du | auch13 Jahre alt | bist | ? Bist du auch 13 Jahre alt?

   ……………, ich bin 14 Jahre alt.

2. Computerspiele | du | gern | spielst | ? ……………………………

   ……………, ich spiele gern Computerspiele.

3. du | hast | keine Haustiere | ? ……………………………

   ……………, ich habe eine Katze.

4. nicht gern | du | Bücher | liest | ? ……………………………

   ……………, ich lese gern Fantasy-Bücher.

✶ 6 Und du? Schreibe deine Antworten auf die Fragen in Aufgabe 5 ins Heft. Schreibe ganze Sätze.

Aussagesatz, W-Frage, Ja/Nein-Frage 15

Testen

1 **Was ist richtig? Markiere.**

1. Wir spielen | Spielen wir heute Basketball.
2. Woher | Welche kommt ihr?
3. Ihr geht | Geht ihr heute ins Kino?
4. Wann | Wo bist du?
5. Du hörst | Hörst du gern Musik.
6. Du hast | Hast du heute keine Zeit?
7. Wann | Woher kommt ihr in den Park?

Punkte: ..../7

✓ Du kannst jetzt Aussagesätze, Fragen und die richtigen Fragewörter erkennen!

2 **Schreibe die Sätze richtig. Achte auf die Satzzeichen!**

1. ihr | seid | wo | ?

   ....

2. heute zum Basketballplatz | kommt | Mika | .

   ....

3. morgen | du | hast | Zeit | ?

   ....

4. ihr | Musik | gern | hört | .

   ....

5. zur Schule | gehst | nicht | du | ?

   ....

Punkte: ..../5

✓ Du kannst jetzt Aussagesätze, W-Fragen und Ja/Nein-Fragen bilden!

Punkte insgesamt: ..../12

16 Zeitangaben im Satz

Verstehen

1 Zeitangaben: Markiere die Zeitangaben. Ergänze dann die Regel.

◁ Wann hast du Geburtstag?

▶ Ich habe morgen Geburtstag.

◁ Wirklich? Toll! Wann machst du eine Party?

▶ Am Samstag mache ich eine Party im Garten.
Um 15 Uhr beginnt die Party. Hast du am Samstag Zeit?

◁ Leider nicht. Ich habe um 15 Uhr ein Fußballspiel.

▶ Schade.

Zeitangaben antworten auf die Frage: **Wann?**

Zeitangaben sind z. B:

Wochentage: am Montag, am Dienstag, [1] am Samstag, am Wochenende, …

Uhrzeiten: um 8 Uhr, [2] ……………, …

Tageszeiten: am Morgen, am Vormittag, am Mittag, am Nachmittag, in der Nacht

Jahreszeiten: im Frühling, im Sommer, im Herbst, im Winter

Datum: am 12. Januar, am 31. Dezember, …

Zeitadverbien: gestern, heute, [3] ……………, zuerst, dann, danach, später, …

2 Positionen im Satz: Lies die Sätze und kreuze an.

Aussagesatz

1	2		
Ich	habe	**morgen**	Geburtstag.
Morgen	habe	ich	Geburtstag.

Ja/Nein-Frage

1	2		
Hast	du	**morgen**	Zeit?

W-Frage

1	2		
Was	machst	du	**morgen** ?

Satzmodell
Subjekt
Verb
Aussagesatz, W-Frage, Ja/Nein-Frage → S. 76

Im ☐ Aussagesatz ☐ Fragesatz steht die Zeitangabe auf Position 1 oder nach dem Verb.

In Ja/Nein-Fragen steht die Zeitangabe nach dem ☐ Subjekt. ☐ Verb.

In W-Fragen steht die Zeitangabe nach dem ☐ Verb. ☐ Subjekt.

Zeitangaben im Satz

Üben I

16

1 **Markiere die Zeitangaben wie im Beispiel.**

1. Wir wollen <u>am Wochenende</u> Abdul besuchen.
2. Um 16:30 Uhr haben Marie und Kim Fußballtraining.
3. Gestern hatten sie kein Fußballtraining.
4. Jenny schreibt morgen einen Deutschtest.
5. Henri muss zuerst Hausaufgaben machen.
6. Später will Henri zu Jenny gehen.
7. Wir fahren im Sommer auf Klassenfahrt.
8. Am Dienstag haben wir kein Mathe.

2 **Ergänze die Sätze 2 bis 7 aus Aufgabe 1. Das Satzmodell hilft.**

Jenny ______ morgen einen Deutschtest.

______ ______ ______ ______

______ ______ ______ ______ ______

Um ______ ______ ______ Fußballtraining.

______ ______ ______ ______

______ ______ ______ ______ ______

Satzmodell
Subjekt
Verb
Zeitangabe

Denke auch an den Punkt am Satzende!

3 **Was ist richtig? Lies und kreuze an. Höre und kontrolliere dann.**

34
1. [x] Jenny geht heute zum Basketballtraining.
   [ ] Jenny geht zum Basketballtraining heute.
2. [ ] Am Samstag wollen wir einen Ausflug machen.
   [ ] Wir wollen machen einen Ausflug am Samstag.
3. [ ] Um 8:00 Uhr fängt der Unterricht an.
   [ ] Um 8:00 Uhr der Unterricht anfängt.
4. [ ] Kim und Lukas am Nachmittag gehen ins Kino.
   [ ] Kim und Lukas gehen am Nachmittag ins Kino.
5. [ ] Morgen wir schreiben einen Test?
   [ ] Schreiben wir morgen einen Test?
6. [ ] Warum hast du am Montag keine Zeit?
   [ ] Warum du hast am Montag keine Zeit?

In Aussagesätzen steht die Zeitangabe auf Position 1 oder nach dem Verb.

In Fragesätzen steht die Zeitangabe nach dem Subjekt.

16 Zeitangaben im Satz

Üben II

Zeitangabe auf Position 1
→ Subjekt nach Verb

Denke an den Punkt am Satzende.

1 Markiere die Zeitangaben. Schreibe dann die Sätze und beginne mit der Zeitangabe.

1. Ich dusche um sieben Uhr. Um sieben Uhr (dusche) [ich].
2. Ich esse danach Müsli. ………… ( ) [ ] …………
3. Wir gehen am Mittag in die Mensa. ………… ( ) [ ] …………
4. Wir haben später Theater-AG. ………… ( ) [ ] …………
5. Ich muss am Abend lernen. ………… ( ) [ ] ( )

2 Schreibe die Antworten wie im Beispiel.

1. Wann machst du Hausaufgaben? [am Abend] Am Abend mache ich Hausaufgaben.
2. Um wie viel Uhr gehst du zur Schule? [um 7:45 Uhr]
…………
3. Wann hast du Geburtstag? [am 28. August]
…………
4. Wann hast du Sportunterricht? [am Dienstag und am Freitag]
…………

3 Schreibe die Sätze richtig. Beginne mit den markierten Wörtern. Höre und kontrolliere dann.

Am Satzanfang schreibt man groß!
Denke an den Punkt am Satzende.

▶ 35
1. am Dienstag | Deutsch bei Frau Blum | die Klasse 7c | hat
Die Klasse 7c hat am Dienstag Deutsch bei Frau Blum.
2. die Klasse | gestern | im Museum | war
…………
3. Frau Blum | heute | ist | leider krank
…………
4. in die Mensa | gehen | um 12:50 Uhr | wir
…………

✶ 4 Und du? Wann machst du das? Schreibe deine Antworten auf die Fragen in Aufgabe 2 ins Heft.

Zeitangaben im Satz

Testen

1 Was ist richtig? Kreuze an.

1. ☐ Am Sonntag besuchen wir Henri.
   ☐ Am Sonntag wir besuchen Henri.
2. ☐ Ich um 11 Uhr habe Mathe.
   ☐ Ich habe um 11 Uhr Mathe.
3. ☐ Zuerst esse ich Pizza.
   ☐ Zuerst Pizza esse ich.
4. ☐ Ich dann zum Fußballtraining gehe.
   ☐ Dann gehe ich zum Fußballtraining.
5. ☐ Habt ihr am Wochenende Schule?
   ☐ Ihr habt Schule am Wochenende?
6. ☐ Lars am 2. Mai hat Geburtstag.
   ☐ Lars hat am 2. Mai Geburtstag.

Punkte: .... / 6

✓ Du kannst jetzt die richtige Satzstellung in Sätzen mit Zeitangabe erkennen!

2 Schreibe die Sätze richtig. Beginne mit dem markierten Wort.

1. am Morgen | Kim | duscht

   ....

2. frühstückt | sie | dann

   ....

3. Kim | in der Schule | um acht Uhr | ist

   ....

4. zuerst | Mathe | sie | hat

   ....

5. am Nachmittag | Fußballtraining | hat | sie

   ....

6. Vokabeln lernen | sie | später | muss

   ....

Punkte: .... / 6

✓ Du kannst jetzt Sätze mit Zeitangaben richtig bilden.

Punkte insgesamt: .... / 12

17 Sätze verbinden

Verstehen

1 Hauptsätze: Lies. Kreuze dann an.

1 2

▶ Ich habe Hunger.

◁ Wir können zusammen kochen.

Was kochen wir?

▶ Heute kaufe ich lieber Essen.

> Im Hauptsatz und in W-Fragen steht das Verb immer auf Position ☐ 1. ☐ 2.
> Das Subjekt steht auf Position ☐ 1 ☐ 2 oder nach dem Verb.

2 Hauptsätze mit Konnektoren verbinden: Lies die Sätze und ergänze dann.

Wir kaufen Döner **oder** wir können Pizza bestellen.

 ? / ? 

Ich mag Döner **und** ich esse auch gern Pizza.

 + 

Ich möchte Döner kaufen, **aber** ich habe kein Geld.

 →← 

		Konnektor
x + y	Döner mögen **+** Pizza gern essen	....
x? / y?	kaufen? / bestellen?	....
x →← y	Döner: ja! →← Geld: nein!	aber

3 Lies und ergänze die Regel.

Aussagesatz / Frage 1				Aussagesatz / Frage 2		
1	2		0	1	2	
Till	mag	Döner	und	er	isst	auch gern Pizza.
Kaufen	wir	Döner	oder	bestellen	wir	Pizza?
Ich	möchte	Döner kaufen,	aber	ich	habe	kein Geld.
Was	möchtest	du essen	und	wohin	gehen	wir?

> Die Konnektoren *und, aber* und *oder* verbinden Aussagesätze und Fragen.
>
> Die Konnektoren stehen zwischen den Sätzen auf Position [1] ....
>
> Subjekt und Verb behalten ihre Position in Aussagesatz und Frage.
>
> Vor dem Konnektor [2] .... steht ein Komma!

Aussagesatz, Fragen → S. 76
Konnektoren auf Position 1 → A2

Sätze verbinden

Üben I

17

1 Was passt? Kreuze an.

1. Kim hat Geburtstag ☐ und ☐ oder sie lädt ihre Freunde ein.
2. Caro will ein Geschenk kaufen, ☐ und ☐ aber sie hat keine Idee.
3. Caro schreibt Henri ☐ oder ☐ und sie fragt ihn:
4. „Hast du eine Idee für ein Geschenk ☐ oder ☐ aber wollen wir Marie fragen?"
5. Henri liest Caros Nachricht, ☐ aber ☐ oder er antwortet nicht.

2 Ergänze „aber", „oder", „und". Höre und kontrolliere dann.

36

▶ Was machen wir heute? Essen wir ein Eis im Eiscafé [1] oder gehen wir ins Schwimmbad?

◁ Ich weiß nicht. Wir können auch zu Hause bleiben [2] .... wir sehen hier einen Film.

▶ Einen Film sehen? Das ist eine gute Idee, [3] .... ich möchte den Film lieber im Kino sehen.

▶ Wir haben heute Sport, [4] .... ich habe keine Sportsachen dabei. Was mache ich jetzt?

◁ Du kannst schnell nach Hause gehen [5] .... deine Eltern kommen und bringen deine Sachen.

▶ Meine Mutter arbeitet im Büro, [6] .... mein Vater ist zu Hause.

Ich rufe meinen Vater an [7] .... ich frage ihn.

3 Verbinde die Sätze mit dem Konektor.

1. Ava ist zu Hause. Sie macht Hausaufgaben. [und]

   Ava ist zu Hause und sie macht Hausaufgaben.

2. Am Abend hört Kofi gern Musik. Er liest ein Buch. [oder]

   ....

3. Du kannst nicht Gitarre spielen. Das ist okay. [aber]

   ....

4. Lukas fährt Skateboard. Kim spielt Basketball. [und]

   ....

5. Hast du Zeit? Musst du lernen? [oder]

   ....

17 Sätze verbinden

Üben II

1 Verbinde die Sätze mit „aber“, „und“ oder „oder“.

1. Kim ist müde. ↔ Sie muss aufstehen.

   Kim ist müde, aber sie muss aufstehen.

2. Ist es sieben Uhr? / Ist es schon halb acht?

3. Kim zieht ihre Kleidung an. + Sie frühstückt.

4. Sie packt ihre Schulsachen ein. + Sie nimmt ein Brot für die Pause mit.

5. Sie geht zur Bushaltestelle. →← Der Bus kommt nicht.

6. Ist Kim zu spät? / Ist der Bus zu spät?

2 Suche und verbinde die Sätze mit „und“, „oder“ oder „aber“. Höre und kontrolliere dann.

▶ 37

1. Es ist Montag.
2. Marvin geht gern in die Schule.
3. Heute hat die Klasse Mathe.
4. Ist Herr Özdemir krank?
5. Die Tür geht auf.
6. „Möchtet ihr Mathe machen?

- Herr Özdemir ist nicht da.
- Ein Lehrer kommt in die Klasse.
- Spielen wir ein Spiel?“
- Warum kommt er nicht?
- Er macht nicht gern Mathe.
- Marvin geht in die Schule.

1. Es ist Montag und Marvin geht in die Schule.
2.
3.
4.
5.
6.

✶ 3 Und du? Ergänze die Sätze. Schreibe ins Heft.

Ich … gern (…) und ich … gern (…).
Ich mag …, aber ich mag kein/keinen …

Ich … gern (…), aber ich … nicht gern.
Am Wochenende … ich oft (…) oder ich …

Sätze verbinden
Testen

1 **Ergänze: „und“, „oder“, „aber“.**

1. Wir gehen ins Schwimmbad .... Caro und Lukas kommen mit.
2. Henri schreibt Marie eine Nachricht, ... sie antwortet nicht.
3. Wir können zusammen kochen .... wir kaufen eine Pizza.
4. Ich habe morgen Geburtstag .... ich möchte dich einladen.
5. Kofi möchte ein Buch lesen, ... er hat keine Zeit.
6. Habt ihr heute Nachmittag Fußballtraining .... kommt ihr mit ins Schwimmbad?

Punkte: .... / 6

✓ Du kannst jetzt den richtigen Konnektor ergänzen!

2 **Verbinde die Sätze mit „und“, „oder“ und „aber“.**

1. Es ist Dienstag. Wir sind in der Schule.

   ....

2. Haben wir jetzt Mathe? Haben wir Deutsch?

   ....

3. Ich gehe gern in die Schule. Ich mache nicht gern Sport.

   ....

4. Kim rennt schnell zur Schule. Sie kommt zu spät.

   ....

5. Wir können mit dem Bus fahren. Wir nehmen das Fahrrad.

   ....

6. Hast du Zeit? Können wir Bio lernen?

   ....

Punkte: .... / 6

✓ Du kannst jetzt Sätze mit einem Konnektor verbinden!

Punkte insgesamt: .... / 12

Abschlusstest

1 **Regelmäßige Verben im Präsens: Ergänze die richtige Form.** → Kapitel 1

1. Nach der Schule .... wir Fußball. [spielen]
2. Herr Demirel .... die Aufgabe. [erklären]
3. Wie .... du Deutsch? Interessant? [finden]
4. Ich .... die Aufgabe nicht. [verstehen]
5. Was .... ihr heute? [machen]
6. Caro und Lou .... Stifte für die Schule. [brauchen]

Punkte: .... / 6

2 **Unregelmäßigen Verben im Präsens: Was ist richtig? Markiere.** → Kapitel 2

1. Du sehst | siehst | sehe einen Film.
2. Das Buch gefallen | gefallt | gefällt mir nicht.
3. Kim spricht | sprichst | sprecht Deutsch.
4. Was bedeutet das? Wissest | Weißt | Wisst du das?
5. Ich nehme eine Pizza. Was nehme | nehmst | nimmst du?
6. Wann fahrt | fährst | fährt ihr nach Berlin?

Punkte: .... / 6

3 **„haben" und „sein" im Präsens: Ergänze die richtige Form.** → Kapitel 3

1. Am Montag .... ich Mathe und Deutsch.
2. „Hallo Kim! Wo .... du? In der Schule?"
3. Caro .... ein Fahrrad.
4. „Der Tee .... kalt."
5. „Wir .... im Schwimmbad. Kommst du auch?"

Punkte: .... / 5

Abschlusstest

4 Modalverben: Ergänze die richtige Form. → Kapitel 4

◁ Ich [1] .... nicht zu deinem Geburtstag .... Ich habe keine Zeit. [kommen können]

▶ Aber du [2] ....! Du bist mein bester Freund! [kommen müssen]

▶ Wir spielen Fußball. [3] .... ihr ....? [mitspielen möchten]

◁ Wir [4] .... zuerst noch Hausaufgaben .... [machen müssen]

◁ Kim [5] .... mit dir .... [sprechen wollen]

▶ Sie [6] .... mich .... Sie hat meine Nummer. [anrufen können]

Punkte: .... / 6

5 Trennbare Verben: Schreibe die Sätze richtig. → Kapitel 5

1. Caro | abholen | ihren Bruder

   ....

2. ich | aufstehen | jeden Morgen um 6 Uhr

   ....

3. wir | ankreuzen | die richtige Lösung

   ....

Punkte: .... / 6

6 Imperativ: Bilde die richtige Form. → Kapitel 6

1. erklären: Frau Blum, ... bitte die Aufgabe!
2. helfen: Kofi, ... bitte Caro!
3. mitbringen: Kim und Marie, ... bitte Kuchen ....!
4. lesen: Ihr könnt zusammenarbeiten. .... bitte den Text!
5. lernen: Henri, ... die neuen Wörter!
6. abschreiben: Leo und Tim, ... nicht ....!

Punkte: .... / 6

Abschlusstest

7

Schreibe die Sätze im Präteritum.

→ Kapitel 7

◁ Wo bist du?	1. .... gestern?
▶ Ich will mit Kim einen Ausflug machen.	2. ....
Aber Kim hat keine Zeit.	3. ....
Hast du ein schönes Wochenende?	4. ....
◁ Ja. Meine Eltern und ich sind am See.	5. ....
Wir haben viel Spaß.	6. ....
Wir können auch Ball spielen.	7. ....

Punkte: .... / 7

8

Artikel im Nominativ: Was ist richtig? Markiere.

→ Kapitel 8

1. „Wie heißt du?" – Das ist der | eine | ein Frage.
2. Ich kann das nicht erklären. Ich bin kein | die | eine Lehrer.
3. Was bedeutet eine | keine | das Wort?
4. Frau Blum sagt: „Das sind das | kein | die Hausaufgaben für morgen."
5. Fehler sind nicht schlimm! Das ist keine | ein | der Prüfung.
6. Eine | Der | Kein Vater von Marie heißt Marco.

Punkte: .... / 6

9

Artikel im Akkusativ: Ergänze.

→ Kapitel 9

▶ Was bedeutet „gemütlich"? Kennst du [1] d.................. Wort?

◁ Nein. Ich muss [2] d.................. Wörter von Kapitel 4 noch lernen.

▶ Morgen schreiben wir [3] e.................. Test.

◁ Was? Aber ich möchte [4] k.................. Test schreiben! Ich mag [5] k.................. Tests!

▶ Du musst [6] d.................. Test aber schreiben.

Punkte: .... / 6

Abschlusstest

10 **Possessivartikel: Ergänze.** → Kapitel 10

deine eure mein meine ihren seine

▸ Kim und Leo, holt bitte [1] .... Schulsachen. Ich bringe euch jetzt zur Schule.

◁ Wo ist [2] .... Rucksack? Ich finde ich ihn nicht.

■ Mama, Kim sucht [3] .... Rucksack.

▸ Kim, hörst du mich? [4] .... Sachen sind hier im Wohnzimmer.

◁ Danke, Mama! Jetzt brauche ich nur noch [5] .... Jacke.

▸ Mach schnell! Leo hat [6] .... Jacke schon an!

Punkte: .... / 6

11 **Pronomen: Ergänze.** → Kapitel 11

1. Wo ist **mein Deutschheft**? Ich finde .... nicht.
2. **Kim und ich** sind hier. .... machen Hausaufgaben. Warum suchst du ....?
3. **Frau Blum**, sind .... nächstes Jahr wieder unsere Lehrerin?
4. .... regnet heute.
5. Ruhe bitte! Im Unterricht muss .... leise sein.

Punkte: .... / 6

12 **Adjektiv und Adverb: Ergänze.** → Kapitel 12

klein ist gut spielt wunderbar schmeckt unpünktlich ist freundlich sind schnell spricht

1. Mein Deutschlehrer .... immer sehr .... Ich verstehe nichts.
2. Mein Freund .... oft .... Ich muss oft 20 Minuten warten.
3. ◁ .... deine Lehrer ....? ▸ Ja, ich mag sie sehr.
4. ◁ Dein Kuchen ....! ▸ Oh, vielen Dank!
5. Mein Hund ist erst 5 Monate alt. Er .... noch ....
6. ◁ .... Marie .... Fußball? ▸ Ja, sie ist super!

Punkte: .... / 6

Abschlusstest

13 **Komparativ und Superlativ: Ergänze die richtige Form.** → Kapitel 13

◁ Kann Jenny [1] .... laufen?

▶ Ja, aber Marie kann [2] .... laufen.

◁ Stimmt. Aber Kim läuft [3] ....

schnell:
Jenny
Marie
Kim

◁ Findest du Fußball [4] ....?

▶ Ja! Aber Basketball finde ich [5] ....

Und Volleyball finde ich [6] ....

gut:
Fußball
Basketball
Volleyball

Punkte: .... **/ 6**

14 **Präpositionen: Was ist richtig? Markiere.** → Kapitel 14

◁ Hallo Kim. Wann gehst du heute [1] mit | zum | in Fußballtraining?

▶ Heute ist kein Training. Aber [2] im | um | am Samstag haben wir ein Spiel.

◁ Super! Wollen wir [3] mit | bei | bis Jenny [4] zu | ins | am Schwimmbad gehen?

▶ Ja, gern. [5] Am | Um | In wie viel Uhr?

◁ Jetzt! Ich bin schon [6] zu | mit | bei Jenny zu Hause. Wir gehen jetzt los. Bis gleich!

Punkte: .... **/ 6**

15 **Aussagesatz, W-Frage, Ja/Nein-Frage: Schreibe die Sätze richtig.** → Kapitel 15

1. ihr | heute | habt | Zeit | ?

....

2. in die Schule | wann | ihr | geht | ?

....

3. gehen | zum Arzt | muss | Henri | .

....

4. triffst | deine Freunde | du | wo | ?

....

5. um 7 Uhr | Kim | steht … auf | .

....

Punkte: .... **/ 5**

Abschlusstest

16 **Zeitangaben im Satz: Schreibe die Sätze.** → Kapitel 16

1. Die Party beginnt um 16 Uhr.

   Um 16 Uhr ....

2. Am Nachmittag macht Marie Hausaufgaben.

   Marie ....

3. Wir waren gestern im Kino.

   Gestern ....

4. Ich lese am Abend.

   Am Abend ....

5. Am Freitag haben wir keine Schule.

   Wir ....

Punkte: .... / 5

17 **Verbinde die Sätze mit „und“, „oder“ oder „aber“.** → Kapitel 17

1. Wir gehen ins Kino. Wir bleiben zu Hause.

   ....

2. Jan liest. Tim hört Musik.

   ....

3. Ich möchte einen Hund haben. Meine Eltern wollen nicht.

   ....

4. Isst du Fleisch? Magst du kein Fleisch?

   ....

5. Marie ist müde. Sie muss aufstehen.

   ....

6. Es regnet. Ich bleibe zu Hause.

   ....

Punkte: .... / 6

Punkte insgesamt: .... / 100

Bildquellen

6.1, 47 Getty Images (Vladimir Vladimirov); **6.2, 62.1** Getty Images (Arlee Piriyasanguanpong); **6.3, 46.3** Getty Images (Gumpanat); **9,10, 15, 16, 21, 25, 26, 31, 35, 39, 43, 44, 49, 50, 55, 59, 60, 65, 69, 73, 77, 78, 82, 87,** Shutterstock (Arcady), New York; **9.1** Getty Images (Wavebreakmedia); **9.2, 21.1** Getty Images (PixelsEffect); **11.1** Getty Images (Viktoriia Hnatiuk); **11.2** Getty Images (monkeybusinessimages); **12** Getty Images (cream_ph); **13** Getty Images (Wavebreakmedia); **15.1** Getty Images (carlosalvarez); **15.2** Getty Images (CREATISTA); **15.3** Getty Images (Amorn Suriyan); **15.4** Getty Images (Prostock-Studio); **15.5, 25.2** Getty Images (kwanchaichaiudom); **15.6** Getty Images (calvindexter); **16.1** Getty Images (undefined undefined); **16.2** Getty Images (AJ_Watt); **16.3** Getty Images (Sean De Burca); **18, 55.1** Getty Images (Carlos Duarte); **19** Getty Images (GoodLifeStudio); **20, 80** Getty Images (SolStock); **21.2** Getty Images (Hill Street Studios); **21.3** Getty Images (blackandbrightph); **21.4** Getty Images (Pekic); **22.1** Getty Images (VaLiza); **22.2** Getty Images (golero); **23, 39.1, 82** Getty Images (ElenaNichizhenova); **25.1** Getty Images (kwanchaichaiudom); **25.3, 74.2.3** Getty Images (AaronAmat); **25.4, 61** Getty Images (skynesher); **26.1, 37.1** Getty Images (Willie B. Thomas); **26.2, 42** Getty Images (FangXiaNuo); **26.3** Getty Images (kali9); **27** Getty Images (PeopleImages); **29, 78.1** Getty Images (kali9); **31.1** Getty Images (JackF); **31.2** Getty Images (real444); **33** Getty Images (izusek); **36.1** Getty Images (FG Trade); **36.2** Getty Images (Hill Street Studios); **38** Getty Images (Stígur Már Karlsson /Heimsmyndir); **39.2** Getty Images (AJ_Watt); **40** Getty Images (SolStock); **41** Getty Images (SolStock); **44.1** Getty Images (Pavlo Stavnichuk); **44.2** Getty Images (Bilanol); **44.3** Getty Images (Free art director); **45** Getty Images (Tomoaki Takahashi); **46.1** Getty Images (PamelaJoeMcFarlane); **46.2** Getty Images (Ian_Sherriffs); **49.1** Getty Images (linephoto); **49.2** Getty Images (Ibrahim Suha Derbent); **49.3** Getty Images (Kanawa_Studio); **50.1** Getty Images (FG Trade); **50.2** Getty Images (SelectStock); **50.3** Getty Images (Patryk_ Kosmider); **51.1** Getty Images (SDI Productions); **51.2** Getty Images (Lana2011); **51.3** Getty Images (JohnnyGreig); **52** Getty Images (malerapaso); **53** Getty Images (Edwin Tan); **55.2** Getty Images (Juanmonino); **55.3** Getty Images (Oxy D); **57** Getty Images (Carol Yepes); **58.1** Getty Images (Prostock-Studio); **58.2** Getty Images (Prostock-Studio); **58.3** Getty Images (Prostock-Studio); **58.4** Getty Images (Khosrork); **58.5** Getty Images (Prostock-Studio); **58.6** Getty Images (Antonio_Diaz); **59.1** Getty Images (Robert Ruidl); **59.2** Getty Images (Travel Trend); **60** Getty Images (Prostock-Studio); **62.2** Getty Images (Hakase_); **63** Getty Images (franz12); **65** Getty Images (skynesher); **66.1** Getty Images (Khosrork); **66.2** Getty Images (Phynart Studio); **67** Getty Images (FatCamera); **68, 69.4** Getty Images (MicrovOne); **69.1** 123RF.com (liudmilachernetska), Nidderau; **69.2** 123RF.com (leonardo255); **69.3** Getty Images (pixura); **69.5** Getty Images (Abramova_ Kseniya); **69.6** Getty Images (Nynke van Holten); **71** Getty Images (Yellow Dog Productions); **74.1** Getty Images (FG Trade); **75** Getty Images (JackF); **76.1** Getty Images (zeljkosantrac); **76.2** Getty Images (Richard Drury); **78.2** Getty Images (monkeybusinessimages); **79** Getty Images (monstArrr_); **81** Getty Images (mixetto); **85** Getty Images (filadendron); **86.1** Getty Images (pressdigital); **86.2** Getty Images (BURCU ATALAY TANKUT); **86.3** Getty Images (gaffera); **87.1** Getty Images (GaryTalton); **87.2** Getty Images (Phynart Studio); **89** Getty Images (RealPeopleGroup); **90-95** Getty Images (Antonio_Diaz), München